La synergie diplomatique

La coordination des acteurs des relations et des organisations internationales

Questions contemporaines

Chômage, exclusion, globalisation… Jamais les « questions contemporaines » n'ont été aussi nombreuses et aussi complexes à appréhender. Le pari de la collection « Questions contemporaines » est d'offrir un espace de réflexion et de débat à tous ceux, chercheurs, militants ou praticiens, qui osent penser autrement, exprimer des idées neuves et ouvrir de nouvelles pistes à la réflexion collective.

Dernières parutions

Anna IGRANAÏSSI, *Instruire, manifester, démissionner*, 2025.
Jean Marc MONCORGER, *Intelligence artificielle et créativité humaine, Quelle créativité l'intelligence artificielle peut-elle développer ?* 2025.
Marie REETZ, *Le discours fasciste au Japon,1931-1945, « Forgez le corps et l'esprit »*, série communication, 2025.
Jean-Luc DUPRIEZ, *Construire un monde non capitaliste*, 2024.
Jean-Jacques MONNIER, *Un millénaire de pouvoir vertical, 987-1815, Histoire de la centralisation française*, Tome 1, 2024.
Jean-Jacques MONNIER, *Le jacobinisme : Une addiction française,1815-2025, Histoire de la centralisation française,* Tome 2, 2024.
Geoffroy BOYARD, Alexandre CANTONNET, Valentin CAQUOT, *Le rôle social de l'officier au XXIe siècle*, 2024.
Josyane STAHL, Jacques ALLAMAN, *Une certaine idée de la Russie. Plaidoyer pour un pays méconnu*, 2024.
Eric BURGAUD, *Tuer ou désobéir, Le dilemme d'un soldat*, 2024.
Michel FELKAY et Julien WOLIKOW, *La police municipale à Paris. Histoire et perspectives*, 2024.
Xavier CAUQUIL, *De la peine et des jeux, Anatomie de la société occidentale européenne contemporaine*, 2024.
Jean d'ALANÇON, *La paternité dans tous ses états. Entre philosophie et foi*, 2024.
Robert BIBEAU et Khider MESLOUB, *De l'insurrection populaire à la révolution prolétarienne,* 2024.
Dan E. MØLLER, *Démocratie 2.0. La politique sans partis, l'élection sans candidatures. Pourquoi ? Comment ?*, 2024.
Stéphane SIGNORET, *Sobriété, notre alliée. Dire non à la démesure,* 2024.

Livia Călin

La synergie diplomatique

La coordination des acteurs des relations et des organisations internationales

Traduction de Diana Dănișor

L'Harmattan

5-7, rue de l'École-Polytechnique, 75005 Paris
http://www.editions-harmattan.fr
ISBN : 978-2-336-51508-3
EAN : 9782336515083

Avant-propos

La synergie diplomatique et la coordination des acteurs au sein des relations internationales forment un ballet complexe, où chaque mouvement est dicté par des dynamiques historiques, culturelles et politiques. Dans ce vaste tableau de l'interconnexion mondiale, la souveraineté des États se dessine comme une toile, tissée d'alliances et de rivalités, éclairée par la lueur des idéaux et des conflits.

Les échos du passé résonnent à travers les siècles, des cités-États antiques aux empires coloniaux, chaque époque forgeant des principes qui, encore aujourd'hui, gouvernent la danse des nations. À la suite de la paix de Westphalie, l'idée de souveraineté a émergé, marquant le début d'un monde où les États, acteurs principaux de cette scène, aspirent à leur survie et à leur pouvoir.

Aujourd'hui, alors que la mondialisation tisse des liens indissolubles entre acteurs étatiques et non étatiques, les défis contemporains se dressent comme des montagnes à gravir. Les technologies de communication, telles des flèches de lumière, rapprochent les nations tout en engendrant de nouveaux dangers, de la cybersécurité à l'essor du terrorisme.

Le terrorisme, cette ombre menaçante du XXIe siècle, se nourrit des désespoirs et des luttes idéologiques, transformant les conflits locaux en menaces globales. La quête de sécurité face à cette tempête appelle à l'unité, à la coopération entre nations, chaque geste symbolisant un espoir de paix dans un monde ébranlé.

Dans ce cadre mouvant, les théories des relations internationales—réalisme, libéralisme, marxisme—offrent des lentilles à travers lesquelles observer et comprendre les méandres de cette complexité. Chacune, à sa manière, éclaire les motivations et les comportements des États, dessinant les contours d'un ordre mondial en constante évolution.

Ainsi, l'étude des relations internationales se fait écho d'une lutte perpétuelle entre pouvoir et éthique, entre l'ombre et la lumière, où chaque acteur, qu'il soit souverain ou engagé dans une cause, est à la recherche d'un sens, d'un équilibre dans l'arène tumultueuse de notre monde partagé. C'est dans cette quête que se dessinent les vérités et les espoirs, témoins de notre humanité commune face aux défis de demain.

Le texte explore les profondeurs des défis contemporains, soulignant l'urgence pour les États d'aborder les problématiques sociales et économiques qui alimentent des sentiments d'exclusion, souvent exploités par les organisations terroristes pour élargir leurs rangs. Pour contrer cette menace, une approche globale et multilatérale est essentielle, englobant non seulement des réponses sécuritaires, mais aussi des solutions politiques, économiques et sociales. Ainsi, l'ouvrage offre une analyse nuancée du terrorisme comme phénomène mondial, mettant en lumière ses dimensions politiques et militaires, ainsi que les voies possibles pour gérer et prévenir cette menace à la sécurité internationale.

L'auteur s'attarde sur la sécurité internationale, un domaine devenu crucial dans un monde globalisé. Les événements marquants du XXIe siècle, tels que les attentats du 11 septembre, les conflits au Moyen-Orient et la montée du terrorisme, redéfinissent notre conception de la sécurité. Il analyse des problèmes émergents, comme les conflits régionaux, la prolifération des armes et les cyberattaques, appelant à une nouvelle approche qui dépasse les simples réponses militaires pour inclure les dimensions économiques, politiques et sociales.

Les paradigmes théoriques influençant la sécurité internationale sont également examinés. Le réalisme, avec son accent sur le conflit entre États, se heurte aux perspectives du libéralisme, qui prône la coopération à travers des institutions internationales. De plus, des concepts plus récents, tels que la sécurité humaine et la sécurité transnationale, reconnaissent l'interconnexion des enjeux de sécurité à l'échelle mondiale.

En évoquant l'évolution historique de la sécurité internationale, l'ouvrage retrace le parcours de la Paix de Westphalie jusqu'aux défis contemporains, illustrant comment la coopération internationale s'est enrichie de dimensions diplomatiques, économiques et culturelles. Le rôle des alliances militaires, notamment l'OTAN, est mis en avant comme garant de la sécurité collective dans un monde où les conflits transcendent les frontières.

Le texte aborde aussi la diversité des acteurs sur la scène internationale. Les États, bien qu'étant les piliers de l'ordre mondial, doivent composer avec la mondialisation et l'interdépendance croissante. Les organisations internationales, telles que l'ONU et l'UE, facilitent la coopération et jouent un rôle clé dans la gestion des conflits. Ces structures sont essentielles, malgré leurs limitations, pour la résolution pacifique des différends.

Parallèlement, l'importance croissante des acteurs non étatiques — ONG, multinationales, groupes terroristes — est examinée. Ces entités influencent les politiques mondiales, notamment dans les domaines des droits de l'homme et de l'environnement, tandis que la question de l'individu en tant que sujet des relations internationales émerge, accentuée par la promotion des droits individuels à l'échelle internationale.

En somme, cet ouvrage s'avère fondamental pour comprendre l'architecture contemporaine de la sécurité mondiale, révélant les interconnections complexes entre acteurs, théories et enjeux, et soulignant que la quête de sécurité nécessite une coopération authentique et globale.

Le texte explore la transformation des relations internationales, désormais façonnées par une mosaïque d'acteurs au-delà des États-nations. Ce paysage complexe illustre un monde interconnecté où les interdépendances économiques, sociales et politiques obligent les États à collaborer avec diverses entités, allant des organisations internationales aux ONG, en passant par les entreprises et même les individus.

Une vision intégrée des acteurs contribue à la formation et à la gestion de l'ordre international au XXIe siècle. Ce domaine dynamique évolue continuellement, réagissant à de nouveaux défis et opportunités sur la scène mondiale. L'analyse s'étend aux sujets dérivés et secondaires du droit international, ces entités qui, bien que ne répondant pas aux critères traditionnels de souveraineté, jouent un rôle essentiel dans le paysage diplomatique.

Parmi ces sujets, on distingue les nations aspirant à l'autodétermination. Même non reconnues comme États souverains, elles exercent un pouvoir significatif sur leurs territoires et s'engagent dans des luttes politiques et sociales pour obtenir reconnaissance et autonomie. Les organisations internationales comme l'Union Européenne et l'OTAN, bien qu'issues d'États souverains, possèdent un statut particulier, influençant les décisions et établissant des normes qui régissent les relations internationales.

Les ONG, quant à elles, s'imposent comme des acteurs dérivés cruciaux, plaidant pour les droits de l'homme et d'autres questions sociales et politiques. Leur influence croissante dans la diplomatie mondiale remet parfois en question les intérêts des États, en mobilisant l'opinion publique et en impulsant des changements politiques.

Ce paysage international moderne devient un carrefour où acteurs étatiques et non étatiques interagissent, collaborent et parfois s'opposent. Cette dynamique complexe défie les paradigmes traditionnels des relations internationales, nécessitant de nouvelles approches et théories pour appréhender les enjeux contemporains.

En conclusion, l'analyse des sujets dérivés et secondaires dans le droit international éclaire l'évolution d'un paysage international marqué par des défis contemporains. Elle souligne l'importance d'une coopération renforcée entre une multitude d'acteurs pour gérer les complexités du monde moderne. Ce cadre théorique ouvre des pistes pour comprendre comment les États, les organisations internationales et d'autres acteurs façonnent ensemble l'ordre mondial actuel.

Prof.univ.dr.habil. Diana Dănişor
Université de Craiova, Faculté de droit
Membre associé de l'Académie des Hommes de Science de Roumanie
Membre de l'Union des écrivains de Roumanie

Introduction

Dans ce travail, nous proposons une approche multidimensionnelle des relations internationales, en utilisant plusieurs concepts issus tant des théories juridiques de divers spécialistes que d'autres domaines connexes. Vous y trouverez donc une présentation succincte de l'histoire des relations internationales, de l'Antiquité jusqu'à l'époque de la mondialisation, abordant des questions de géopolitique, de sécurité et de terrorisme, ainsi qu'une brève introduction aux concepts philosophiques liés aux relations internationales.

Ce travail ne prétend pas être exhaustif, ni d'épuiser tous les sujets possibles. Nous avons toutefois tenté de synthétiser et d'ouvrir des pistes de réflexion susceptibles d'être développées à différents niveaux d'analyse, à la fois horizontalement et verticalement, le domaine des relations internationales étant particulièrement riche et pouvant bénéficier d'une approche interdisciplinaire. De plus, il est essentiel de noter que cette démarche ne doit négliger aucun critère ni minimiser aucune perspective, même si, dans certains contextes historiques ou régions du monde, certaines approches peuvent sembler moins pertinentes.

Les phénomènes internationaux complexes ne peuvent être compris sans prendre en considération les notions théoriques connexes et sans saisir les modes d'interaction entre les acteurs des relations internationales, qu'ils appartiennent au domaine du droit public ou privé. Cette interaction a évolué de manière dynamique au fil de l'histoire, façonnant les courants de pensée dans ce domaine. Ces courants se manifestent parfois de façon prédominante ou coexistent au même moment, bien que dans des régions différentes du globe.

Bien que la connaissance historique accompagne l'existence de l'humanité et que la répartition en périodes classiques relève d'une approche traditionnelle, l'étude des relations internationales en tant que branche de la vie socio-politique de l'humanité n'a obtenu son statut de discipline autonome que depuis quelques décennies. On peut affirmer que l'intérêt pour ce domaine n'a réellement pris son essor que durant le siècle dernier, lorsque le terme « mondialisation » est devenu fréquent dans les discours politiques et que les relations internationales ont commencé à influencer non seulement la politique étrangère, mais aussi la politique interne des États.

Ce travail montre néanmoins que les relations internationales existent depuis toujours, dès que plusieurs groupes ou peuples ont commencé à interagir, même sous des formes rudimentaires ne nécessitant ni règles ni structures spécifiques. Les relations humaines étaient inévitables, bien qu'entravées par des contraintes géographiques, l'absence de voies de communication ou la qualité primitive des moyens de transport. Les grandes découvertes géographiques, les luttes dynastiques, le besoin de domination et de suprématie, le désir d'accumulation et l'apparition des États modernes ont constamment remodelé la scène mondiale. Ce travail s'efforce de suivre et de souligner ces moments clés, en doublant la description historique d'une analyse des conséquences juridiques, normatives et organisationnelles qu'ils ont engendrées.

La politique internationale représente un sujet de grand intérêt dans le monde contemporain, mais elle n'entre dans le domaine historique qu'une fois les événements réalisés et les informations disponibles pour permettre leur analyse. Ainsi, l'étude de la politique internationale constitue une chronique des événements passés, accompagnée d'une analyse de leurs causes et de leurs conséquences.

Chapitre 1
L'apparition des relations diplomatiques et leur étude

1. L'évolution et la complexité des relations internationales : de la souveraineté à la mondialisation

Le terme "international", utilisé pour décrire les relations entre États, est apparu à la fin du XVIIIe siècle, dérivant du mot latin *intergentes* employé au XVIIe siècle pour décrire le "droit des nations" ou *jus gentium.* À cette époque, le terme désignait les relations diplomatiques et officielles entre souverains, entre États ou entre nations. Les concepts de nation, d'État, de gouvernement et de peuple étaient alors souvent interchangeables et décrivaient des relations interétatiques centrées sur les souverains à la tête de leurs peuples, nations, États respectives.

Les relations internationales analysent la réalité des faits de vie de l'environnement international et les facteurs qui influencent les politiques étrangères et la puissance des unités de base structurant le monde. Les objectifs des relations internationales incluent les flux sociaux traversant les frontières, les relations diplomatiques et stratégiques entre États, ainsi que les processus de mondialisation.

Traditionnellement, les relations internationales sont considérées comme un ensemble de liens, de rapports et de contacts établis entre États, révélant ainsi leur politique étrangère. Cette conception prend en compte les différentes formes et dimensions que ces relations peuvent adopter, comme le conflit et la coopération, les perspectives politiques, économiques, stratégiques et culturelles, entre autres. Cependant, elle n'exclut pas d'autres interactions au sein de l'État, puisque ces interactions incluent également des forces transnationales. Bien que l'État joue un rôle central dans la sphère internationale, il est complété par d'autres acteurs issus des divers processus économiques et culturels à l'échelle mondiale, qui ont largement dépassé les limites du contrôle exercé par les gouvernements nationaux.[1] Ainsi, il est essentiel qu'une vision large et globale des relations internationales prenne en compte l'ensemble des phénomènes internationaux, reconnaissant que l'existence de l'État, et donc des frontières, confère une spécificité à la dimension internationale des relations sociales, bien que, dans certaines régions, la notion de frontière tende aujourd'hui à connaître certaines mutations.

Les relations internationales peuvent donc également être définies comme l'ensemble des relations susceptibles d'avoir une dimension politique et qui se développent entre des groupes sociaux transfrontaliers. Le domaine des relations internationales a pris une importance accrue au cours de ce siècle, dans le contexte de processus complexes de changements et de mutations ayant lieu sur la scène mondiale. Les changements internationaux ont connu une diversification notable sous l'effet du processus de modernisation, impulsé par la dynamique de la révolution industrielle, puis par le développement des réseaux de communication généré par les progrès technologiques ainsi que par l'établissement d'un marché international du travail et des produits.

Par ailleurs, la révolution technologique a également conduit à la création d'un nouvel arsenal, développé à grande échelle, qui est susceptible de menacer l'existence même de l'humanité. C'est pourquoi, en l'absence de relations de collaboration et de coopération entre les États, des conflits internationaux d'une gravité sans précédent pourraient émerger. Entre les deux guerres mondiales, et surtout après la Seconde Guerre mondiale, est née une véritable communauté scientifique ainsi qu'un système international d'institutions de coopération entre États. Cette expansion a favorisé l'émergence de nombreux spécialistes du domaine, engagés dans l'étude progressive de ce phénomène au fur et à mesure de son développement.

Les spécialistes des relations internationales ont souvent dû démontrer leur expertise dans ce domaine extrêmement complexe, qui inclut des notions interdisciplinaires allant de l'histoire de la diplomatie à la philosophie politique, au droit

---

[1] Phillippe Braillard, Mohammad-Reza Djallili, *Les relations internationales*, PUF, Paris, 2007, p. 3.

international, à l'économie, la sociologie, la psychologie, l'anthropologie et l'ethnologie. Ainsi, l'étude des relations internationales est devenue plus complète et complexe. Pendant des années, les relations internationales étaient considérées comme un sous-domaine de disciplines plus larges, telles que le droit international public ou l'économie mondiale. Elles sont finalement devenues une discipline autonome, nécessitant une analyse spécifique des phénomènes internationaux. Bien que les auteurs s'accordent sur l'importance croissante des phénomènes internationaux, des divergences existent quant aux conceptions de ces relations internationales, certains auteurs adoptant des approches classiques, d'autres des perspectives plus contemporaines.

2. La genèse et l'évolution de la science des relations internationales : des théories interdisciplinaires à une discipline autonome

L'étude des relations internationales présente un caractère interdisciplinaire, car il examine les processus politiques au niveau international dans divers contextes historiques, impliquant une analyse systématique et professionnelle de différentes perspectives (historique, géopolitique, économique, sociologique, anthropologique et psychologique).

L'étude des relations internationales est particulièrement liée à l'analyse et à l'explication des relations entre les communautés politiques organisées au sein d'un territoire, notamment à l'intérieur des États. Cette analyse doit bien sûr prendre en compte les relations établies entre les peuples et entre les individus qui les composent, ainsi que l'échange de biens et services, d'idées, et les jeux d'influences réciproques entre les formes de civilisation, ainsi que les manifestations de sympathie ou d'antipathie. Cependant, ces relations ne peuvent être dissociées de celles établies entre États : les gouvernements ne laissent souvent pas les contacts entre les peuples au hasard, mais leur imposent des réglementations et des limitations, tant pour la circulation des marchandises et des capitaux que pour la libre circulation des individus et des idées, qui ne sont donc pas absolument libres mais réglementées.

Les relations entre individus pourraient souvent constituer un facteur de solidarité. Cependant, les antagonismes entre intérêts individuels donnent naissance à des conséquences politiques directes.[1] La réglementation de ces relations par les États mène à l'émergence de négociations directes entre les gouvernements de ces États, ce qui place ces derniers « au centre des relations internationales »[2], et c'est précisément cet aspect que nous aborderons dans ce travail. L'étude des relations internationales comprend l'analyse des rapports et des relations établis entre des groupes sociaux qui traversent les frontières d'un État. Les Relations Internationales ont pour objet scientifique les structures et les fonctions de tous les acteurs présents sur la scène internationale (États, organisations internationales, entreprises multinationales, ONG), qui constituent le système international.

L'analyse de la société internationale s'effectue en prenant en compte l'ensemble des relations politiques, stratégiques, économiques, ainsi que sociales et culturelles. Les Relations Internationales, qui cherchent à analyser les phénomènes de pouvoir dans un système international, sont en interaction avec d'autres disciplines, telles que le droit international, l'histoire, l'économie ou la sociologie, ce qui permet de les aborder sous toutes ces perspectives.[3]

L'étude des Relations Internationales en tant que science juridique autonome est née aux États-Unis. Certains auteurs estiment que le manuel de politique mondiale de Paul Reinsch, publié en 1900, constitue le point de départ de l'étude et de l'analyse de ce domaine. La science des relations internationales a connu un développement particulier après la Première Guerre mondiale, mais son évolution est devenue spectaculaire[4] après la Seconde Guerre mondiale, s'intensifiant notablement après

---

[1] Voir Pierre Renouvin, Jean Baptiste Durocelle, *Introduction à l'histoire des relations internationales*, Armand Colin Editeur, Paris, 1991, p. 1.

[2] Raymond Aron, *Paix et guerre entre nations*, Paris, Calmann-Levy, 1968, p. 17.

[3] Jean-Claude Zarka, *Relations internationales*, Ellipses, Paris, 2007, p. 5.

[4] Vasile Puşcaş, *Relaţii internaţionale/transnaţionale,* Editura Sincron, 2005, p. 14.

1945. Selon certains auteurs[1], l'émergence des relations internationales en tant que discipline académique est ainsi attribuée à la Première Guerre mondiale.

L'existence de millions de victimes, ainsi que les destructions matérielles et humaines significatives, ont conduit à la nécessité de rechercher des explications scientifiques sur les causes de cette catastrophe et sur les moyens de les prévenir à l'avenir. C'est pourquoi, dès ses débuts, ce domaine a mis la question de la guerre et de la paix au centre de ses préoccupations. De nombreux domaines se sont arrogés l'étude des Relations internationales, parmi lesquels le Droit international, qui s'intéresse principalement aux normes régissant les relations diplomatiques et à la conclusion d'actes juridiques entre les principaux acteurs de la scène internationale. De même, l'économie politique internationale est apparue comme le domaine traitant de l'étude des relations entre États, notamment des relations de nature économique.

Selon une définition de Morgenthau, « les relations internationales en tant que discipline concernent l'étude des rapports de pouvoir entre les acteurs internationaux »[2]. L'étude des relations internationales est principalement effectuée dans le cadre des Sciences politiques et se divise en plusieurs branches : la théorie des relations internationales, l'histoire des relations internationales, qui examine l'évolution dans le temps de la politique mondiale, les études de sécurité, les études stratégiques et l'économie politique internationale, domaine qui suit l'évolution des échanges interétatiques ainsi que tout autre échange commercial transfrontalier.

Néanmoins, nous tenterons d'analyser les relations internationales sous leur aspect juridique, en nous concentrant sur la nature juridique des relations et sur les sujets qui interagissent sur la scène internationale.

---

[1] J. Huntzinger, *Introduction aux relations internationales*, Seuil, 1987, p. 8.

[2] Voir Hans Morgenthau, *Politics Among Nations : The Struggle for Power and Peace*, VI ed., Alfred A. Knopf Inc., New York, 1985.

3. L'émergence des relations internationales : des cités-États antiques aux puissances globales modernes

L'histoire des relations internationales se concentre sur les relations de pouvoir entre les acteurs internationaux, depuis la formation du système international jusqu'à nos jours. Dès les premières organisations politiques humaines, on peut évoquer une politique interétatique, visible notamment dans les cités-États grecques anciennes et les empires médiévaux. Cependant, au fil du temps, une transformation des systèmes est clairement observable, notamment à travers l'évolution de la nature des acteurs internationaux : les cités-États ont été remplacées par des empires, qui ont eux-mêmes cédé la place aux États-nations à partir de la fin du XVe siècle.

Une véritable politique internationale ne se développe qu'avec l'émergence de l'État moderne comme principal acteur, souvent défini par un territoire habité par un groupe national spécifique. Les principaux auteurs dans le domaine des relations internationales, intégrés aux sciences politiques, perçoivent l'évolution du système international comme une succession de cycles de grandes puissances.[1]

Ainsi, le premier cycle identifié serait le cycle portugais, de l'expédition de Vasco de Gama en Inde en 1497 jusqu'à la conquête du Portugal par l'Espagne en 1580. Il vient ensuite le cycle néerlandais, de 1580 à la paix d'Utrecht en 1713, marquant le pic de la puissance néerlandaise. Le cycle britannique se divise en deux périodes, l'une jusqu'à la guerre d'indépendance des colonies américaines, l'autre commençant au Congrès de Vienne en 1815 et se terminant après la Première Guerre mondiale. Un dernier cycle, le cycle américain, débute après la Première Guerre mondiale, se poursuivant jusqu'à aujourd'hui. Ces cycles sont caractérisés par la domination de ces grandes puissances sur les mers, les routes commerciales et par les points stratégiques d'intérêt. Cette évolution historique souligne comment les dynamiques de pouvoir et d'influence ont façonné le paysage international actuel.

---

[1] George Modelski et Patrik M. Morgan, Understanding Global War, *The journal of Conflict Resolution*, 29 (3), septembre, 1985, pp. 391-417.

Les théoriciens des relations internationales soutiennent qu'un système international peut se configurer de trois manières principales : unipolarité, bipolarité et multipolarité. L'unipolarité se caractérise par la présence d'une seule puissance dominante ou superpuissance, comme cela a été le cas après la fin de la guerre froide, lorsque les États-Unis ont émergé comme la seule superpuissance mondiale. La bipolarité, considérée comme la configuration la plus stable, implique deux grandes puissances opposées qui dominent différentes parties du système international. Ce fut la situation durant la guerre froide entre les États-Unis et l'Union soviétique. Le troisième type de configuration, la multipolarité, inclut au moins trois grandes puissances qui dominent le paysage international. La multipolarité est souvent perçue comme une configuration stable, ayant été caractéristique de la période qui a suivi la paix de Westphalie en 1648 jusqu'à la fin de la Seconde Guerre mondiale, période durant laquelle la bipolarité a émergé avec la guerre froide.

De plus, certains auteurs[1] analysent la configuration du pouvoir en divisant le système international en trois cercles concentriques. Ainsi, cette structure serait formée d'un centre, comprenant les grandes puissances qui ont des intérêts mondiaux et la capacité de les défendre, une semi-périphérie, incluant des États qui étaient autrefois des puissances centrales mais qui sont en déclin, ainsi que des puissances régionales ou des États en ascension, comme l'Espagne ou le Japon, et finalement, la périphérie, composée d'États avec peu d'intérêts et des capacités significatives, souvent peu développés économiquement, tels que le Portugal ou l'Irlande.

Ces modèles permettent d'analyser comment les puissances interagissent sur la scène internationale et comment leur influence peut varier selon le contexte historique et géopolitique.

---

[1] Immanuel Wallerstein, *Sistemul mondial modern*, vol. I-IV, 1992-1993, editura Meridiane, Bucureşti.

Chapitre 2
L'évolution historique des relations internationales : depuis Thucydide aux théoriciens contemporains

L'histoire des relations internationales est considérée comme ayant un parcours similaire à celui de l'histoire des sciences politiques et d'autres sciences sociales, suivant de près l'évolution de l'État.

Des réflexions sur les relations internationales peuvent être trouvées dans les écrits de l'Antiquité, comme ceux de Thucydide (400 av. J.-C.), et se poursuivent à travers la période médiévale avec des penseurs tels que Machiavel (1513), Hobbes (1615), Hume (1714), Rousseau, Kant, et Grotius. Ces auteurs ont posé les bases de la compréhension des dynamiques interétatiques. Dans les temps modernes, des théoriciens comme Morgenthau (1948), Waltz (1979), et Stanley Hoffman (1977) ont continué à explorer ces thèmes.

Ces intellectuels ont décrit l'essence des relations interétatiques en se concentrant sur l'étude de la guerre, les efforts de construction d'une communauté internationale, et l'évolution de la société internationale. Leur analyse a permis d'éclairer la complexité des interactions entre États et les défis contemporains de la gouvernance mondiale.

1. Les relations internationales dans l'Antiquité : dynamiques de pouvoir et diplomatie entre les grandes civilisations

Les relations internationales dans la période antique s'articulent autour de la première puissance mondiale de l'époque, l'Égypte[1]. Par la volonté du dieu Amon, l'Empire égyptien était structuré de manière hiérarchique, où les pharaons commandaient l'armée et les rois étrangers bénéficiaient du même statut. Des relations politiques, militaires, commerciales et religieuses existaient entre différentes structures étatiques,

---

[1] Pour plus de détails, voir Gh. I. Brătianu, *L'Organisation de la Paix dans l'histoire universelle*, București, Editura Enciclopedică, 1997.

fondées sur l'amitié entre les peuples et leurs souverains (vers 1500 av. J.-C.).

Le système asiatique de la dynastie Chou (1122-221 av. J.-C.) possédait également une hiérarchie propre à un régime féodal, comprenant quatre types d'unités politiques : celles dirigées par le roi, des membres de la famille royale, des nobles, et d'anciens militaires ou fonctionnaires civils. Des relations politiques, militaires et commerciales étaient souvent régulées par des traités, médiations ou conciliations.

Le système hellénique se concentrait sur l'unité politique principale : la cité-État (*polis*), composée de différentes unités telles que les États tributaires, les colonies militaires et non militaires. Au début, ce système de relations était diffus (VIIIe siècle av. J.-C.), mais il devint stratifié et rigide au cours du Ve siècle av. J.-C., avec l'existence d'un système bipolaire de pouvoir entre la Ligue Hellénique et la Ligue Péloponnésienne, centrées respectivement autour d'Athènes et de Sparte. Les relations interétatiques dans le système hellénique comprenaient des interactions politiques, militaires et commerciales, souvent orchestrées par des festivals et des conseils religieux (*amphictyonies*), régulées par des traités, des arbitrages et des déclarations de guerre.

Le système romain, durant la Pax Romana, était composé de la cité de Rome, de provinces, de municipalités, de protectorats et de colonies, formant un système harmonisé basé sur une structure hiérarchique dans les affaires générales et une structure fédéraliste dans la vie provinciale.[1] Bien que le système romain ait également entretenu des relations politiques, militaires, commerciales et culturelles (sauf avec le nord et l'est de l'Europe, considérés comme barbares), le principe fondamental qui gouvernait Rome était l'idée d'une unité du monde (*orbis terrarum*) autour de la mer Méditerranée, synthétisant l'expérience des systèmes hellénique et oriental dans une « paix œcuménique »[2].

---

[1] Vasile Puşcaş, op.cit., p. 53.

[2] Voir aussi Gh. Brătianu, op. cit.

2. L'évolution des relations internationales au Moyen Âge : des empires et de l'anarchie au principe de l'équilibre des pouvoirs

Le système médiéval européen repose sur la formation des grands empires européens (carolingien, byzantin, Saint-Siège), et après leur désintégration, il est gouverné par l'anarchie étatique. La règle de maintien de la « paix juste » s'impose par le biais des guerres, ce qui explique l'apparition des croisades médiévales.

Cependant, cette période est également marquée par l'émergence et le développement de la circulation monétaire et du commerce, qui encouragent les relations interétatiques. Après d'importantes guerres médiévales, telles que la guerre de Trente Ans, les grandes puissances tentent d'établir un équilibre des puissances pour éliminer les conflits, un objectif concrétisé en 1815 par le Congrès de Vienne.

Un moment particulièrement important dans le domaine des relations internationales est la signature des traités de Westphalie en 1648, à la suite de la guerre de Trente Ans, à laquelle toutes les grandes puissances européennes ont participé. La fin de ce conflit a marqué la fin de la domination habsbourgeoise et a formellement consacré l'existence d'un système international. Voici quelques-unes des caractéristiques les plus importantes du système international établies par les traités de Westphalie.

Une première caractéristique est que l'État est le seul acteur international d'un point de vue légal, ce qui signifie que d'autres acteurs transnationaux, comme la Papauté ou l'Empire, sont exclus des relations internationales, n'ayant pas le droit légal et légitime de signer des traités internationaux. De plus, d'autres acteurs infra-étatiques nationaux, comme les Ordres Chevaleresques, ainsi que les acteurs sous-étatiques, tels que les nobles ou les villes libres, ne peuvent pas faire partie du système international. La deuxième caractéristique est le respect de la souveraineté des États, qui représente la capacité et le droit d'un acteur international à définir ses propres intérêts et à déterminer sa politique intérieure et extérieure en accord avec ceux-ci. La souveraineté est un principe fondamental de la constitution du système international, car seul l'État représente la source de l'autorité légitime, sans reconnaître d'autorité supérieure à elle.[1] La troisième caractéristique est l'égalité entre les États, fondée uniquement sur leur souveraineté.[2] En quatrième lieu, l'équilibre des puissances est accepté comme un instrument des relations internationales, cherchant à maintenir la stabilité et empêchant une seule puissance de dominer les autres, car la guerre de Trente Ans avait été une tentative d'établir un partage territorial et de pouvoir garantissant un équilibre en Europe. Une cinquième caractéristique est la légitimité internationale, envisagée dans un double sens : d'une part, le pouvoir est transféré d'un dirigeant à un autre au niveau national, et d'autre part, la légitimité est donnée par la souveraineté territoriale, essentielle pour la reconnaissance du statut d'acteur international d'un État ou d'une autre entité. Une sixième caractéristique est l'existence d'un ensemble de règles internationales naissantes, acceptées volontairement par les États, servant d'outil pour réglementer les relations entre les acteurs du système international. Enfin, une dernière caractéristique des traités de Westphalie est la reconnaissance implicite de la diplomatie comme instrument des relations internationales, pouvant contribuer à la résolution pacifique de conflits d'intérêts interétatiques (conflits économiques, militaires) au sein du système international.[3]

Un autre moment important dans la définition des relations internationales est la Paix d'Utrecht, en 1713, qui résulte de la conclusion de la Guerre de Succession au trône d'Espagne. Cette paix reconnaît explicitement l'équilibre des puissances comme un instrument des relations internationales, un moyen de maintenir la stabilité et l'ordre au sein du système, afin d'empêcher l'émergence d'une grande puissance continentale. De plus, ce principe est renforcé par le principe de non-intervention dans les affaires intérieures d'un État, permettant à ce dernier d'agir librement tant sur le plan interne qu'international. Les seules contraintes auxquelles il est soumis sont celles dictées par le comportement des autres acteurs du

---

[1] David Armstrong, *Revolution and World Order. The Revolutionary State in International Society*, Clarendon Press, Oxford, 1993-1995, p. 25.

[2] Andrei Miroiu, Radu Sebastian Ungureanu, *Manual de relaţii internaţionale*, Editura Polirom, p. 20.

[3] David Armstrong, op. cit., 1993, p. 23.

système et par sa position au sein de ce même système. Le système international, ou système d'États, peut être défini comme la situation dans laquelle deux ou plusieurs États entretiennent un contact suffisant entre eux et ont un impact suffisant sur les décisions des autres pour les amener à se comporter, au moins dans une certaine mesure, comme des parties d'un tout.[1]

Au cours des XVIIe et XVIIIe siècles, l'État n'était pas encore pleinement constitué avec les éléments que nous connaissons aujourd'hui, et il était souvent confondu avec le monarque qui le dirigeait. C'est pourquoi les confrontations entre États à cette époque pouvaient être perçues comme des conflits entre différents monarques, souvent motivés par des raisons personnelles. Bien que les traités de Westphalie aient établi l'État comme le seul acteur des relations internationales, à ce moment-là, l'État existait d'un point de vue territorial et était défini par son monarque, qui accédait au trône par voie héréditaire. Cependant, la Révolution française a joué un rôle crucial en introduisant d'importantes modifications dans le système international. La légitimation de l'État a désormais une autre nature, étant définie par la nation. La légitimité des dirigeants n'est plus divine ou héréditaire, mais populaire, souvent acquise par l'expression de la volonté nationale. Au XVIIe et XVIIIe siècle, le nombre d'États, et donc d'acteurs internationaux, était relativement limité, et leurs interactions, surtout celles de nature conflictuelle, avaient principalement un caractère territorial. Ce n'est qu'au Congrès de Vienne en 1815 que l'alliance formée contre Napoléon Bonaparte avait pour objectif de mettre fin à une longue série de conflits territoriaux et d'initier des négociations pour la coopération entre États, ce qui représente un moment significatif dans le domaine des relations internationales.

L'importance du Congrès de Vienne de 1815 réside également dans le fait que, pour la première fois dans l'histoire, ce congrès a établi une distinction entre les grandes puissances et les puissances mineures. Le critère de différenciation entre ces deux catégories était la capacité militaire réelle de l'acteur

[1] Hedley Bull, *Societatea anarhică. Un studiu asupra ordinii în politica mondială*, editura Ştiinţa, Chişinău, p. 8.

international ainsi que l'ensemble de ses intérêts. Ce moment a marqué un tournant dans la manière dont les relations internationales étaient perçues et organisées, contribuant à la formation d'un équilibre de pouvoir qui allait régir les relations entre les États au cours du XIXe siècle. Cette distinction a permis d'identifier plus clairement les États capables d'influencer le système international et ceux dont l'impact était plus limité, établissant ainsi les bases de la diplomatie moderne.

Les grandes puissances peuvent être considérées comme celles qui possèdent les capacités militaires nécessaires pour atteindre leurs objectifs, y compris par la force, partout dans le monde. Généralement, elles émergent à la suite d'une guerre victorieuse contre une autre grande puissance. Par exemple, la Grande-Bretagne est devenue une grande puissance en 1688 après sa victoire contre Louis XIV en tant que leader de l'alliance qui s'opposait à lui. La Russie a accédé à ce statut en défaisant la Suède lors de la Grande guerre du Nord (1700-1721), tandis que la Prusse s'est affirmée comme grande puissance après la guerre de Sept Ans (1756-1763). Le Japon a gagné ce statut suite à la guerre russo-japonaise (1904-1905), et la Chine a montré sa force par sa résistance contre le Japon entre 1931 et 1945. En revanche, les puissances mineures sont ces États qui ont un ensemble d'intérêts limités, souvent concentrés sur un seul objectif, à savoir la préservation de leur indépendance nationale. Elles ne disposent généralement pas de capacités militaires suffisantes pour défendre des intérêts plus étendus et peuvent même avoir du mal à se défendre seules.

Un autre principe fondamental établi lors du Congrès de Vienne en 1815 est le principe de la balance des puissances, qui, passant d'une simple théorie des relations internationales, s'est institutionnalisé et est devenu une norme acceptée par toutes les grandes puissances. Le Congrès de Vienne déclare la balance des puissances comme la règle fondamentale de fonctionnement du système international, que les États doivent suivre de manière planifiée et délibérée dans le cadre d'une action commune. Ce principe ne repose plus sur des compensations ou sur le calcul de la puissance d'un État en fonction de son territoire, de sa population, de ses capacités financières ou par la gestion de crises.[1] L'institution du principe de la balance des puissances vise à empêcher la montée d'un État qui pourrait modifier la situation existante à son avantage, en défiant les autres. L'idée d'ordre systémique devient de plus en plus cruciale, incitant tous les acteurs à s'unir contre toute tentative, y compris militaire, de changer l'état des choses. L'intervention des États est souvent de nature préventive, signifiant qu'il est nécessaire d'agir même sur le territoire d'un État révisionniste, avant qu'il ne devienne une puissance militaire ou idéologique suffisamment forte pour rendre inutile la coalition des autres contre lui.

Au XVIIIe et XIXe siècles, le système international était multipolaire, ce qui a apporté une stabilité considérable sur la scène internationale, souvent maintenue par la force de la diplomatie, capable de surmonter même des conflits tels que la guerre de Crimée, la guerre austro-prussienne ou la guerre franco-prussienne. Grâce à une série de congrès des grandes puissances, connus sous le nom de Concert européen, la diplomatie est devenue une institution au sein du système international. Pour la première fois, l'idée de prévention des conflits entre puissances par le biais de consultations et de négociations entre grandes puissances émerge. Le Congrès de Vienne de 1815 a dessiné une forme d'organisation du système international le long d'une hiérarchie étatique, qui semblait initialement contracter le principe westphalien de l'égalité des États. Les grandes puissances du Concert européen ont utilisé la balance des pouvoirs et la diplomatie de manière formelle, assumant un rôle particulier dans le système international, en revendiquant le droit et la responsabilité d'exercer une forme de tutelle sur les puissances mineures, contrôlant ainsi en partie leur politique étrangère.

Le droit international est devenu une institution des relations internationales, avec des règles générales consensuelles régissant le comportement international des sujets de droit international et leur droit d'intervention en cas de changement de la balance des pouvoirs ou du système international. Cette situation, amorcée par le Congrès de 1815, a été renforcée par les dispositions

---

[1] Paul W. Schroder, Did the Vienna Settlement Rest on a Balance of Power ?, *The American Historical Review*, 1992, pp. 683-706.

établies lors du Congrès d'Aix-la-Chapelle en 1818, une suite naturelle que les acteurs internationaux désiraient pour éviter l'ascension excessive d'une France révolutionnaire. Même les guerres survenues durant cette période d'environ 100 ans, de 1815 à 1914, étaient de peu d'importance, souvent entre une grande puissance et une ou plusieurs puissances mineures, avec une durée et une intensité relativement faibles grâce à la maintenance de cette balance des pouvoirs. Cependant, vers le début du XXe siècle, cette balance a été brisée. L'un des facteurs ayant contribué à la déstabilisation de la balance établie par le Congrès de Vienne est la diminution de l'influence des grandes puissances, sur fond de l'émergence de nouveaux États révisionnistes, qui ont altéré cet équilibre : l'Allemagne et l'Italie d'une part, et les États-Unis et le Japon d'autre part. Ainsi, l'Allemagne s'est unifiée et a poursuivi un important développement industriel et technologique, tandis que l'Italie a connu une dynamique de développement beaucoup plus lente en comparaison. Les États-Unis cherchaient à assurer leur hégémonie sur l'ensemble de l'hémisphère occidental, notamment sur les continents américains, d'où la doctrine Monroe de 1823, qui tentait d'établir un nouvel équilibre dans l'Atlantique, en empêchant toute autre puissance européenne d'étendre son influence dans l'hémisphère occidental. De l'autre côté du globe, au Japon, l'État renforçait son hégémonie, ce qui a conduit à de nombreuses confrontations avec la Russie et la Chine, qui aspiraient également à un statut similaire.

Un autre facteur ayant contribué à l'affaiblissement de la balance des puissances est le colonialisme, qui existe depuis le XVème siècle, mais qui, avec le XIXème siècle et le Congrès de Vienne, prend une ampleur mondiale. Toutes les grandes puissances commencent à mener une politique active d'acquisition de nouvelles colonies et d'expansion de leurs empires coloniaux. Parmi celles-ci, la Grande-Bretagne étend son empire colonial en atteignant presque l'ensemble de la planète, ce qui amène les grandes puissances à avoir des frontières communes à l'échelle mondiale. Cette situation engendre de nombreux conflits à l'échelle locale aux frontières des colonies. Certains auteurs considèrent même le colonialisme comme la principale cause de la Première Guerre mondiale, tandis que d'autres le voient uniquement comme une cause ayant mené à la décadence de grandes puissances comme la France ou la Grande-Bretagne, qui, en élargissant excessivement leurs empires coloniaux, n'ont pas eu les capacités nécessaires pour les contrôler et les maintenir.

Une troisième cause de la chute de la balance des puissances a été la fragmentation du système international, commencée avec l'unification de l'Allemagne sur le continent européen et poursuivie par la formation de nouveaux États en Europe de l'Est, un processus qui ne s'est achevé qu'après la fin de la Seconde Guerre mondiale. L'une des zones à fort potentiel conflictuel demeure la zone balkanique, composée d'États petits, situés entre les grandes puissances (austro-hongroise, russe et turque). Avec la fragmentation du système international, le nombre de ces acteurs internationaux a considérablement augmenté, ce qui a conduit à des déséquilibres dans divers sous-systèmes du système international et a finalement abouti à l'effondrement de la balance des puissances.

3. La transformation du système international au XXe siècle : des conflits mondiaux à un nouvel ordre global

Avec le déclenchement de la Première Guerre mondiale, l'équilibre des puissances, qui avait été établi de manière déclarative par le Congrès de Vienne en 1815, révèle ses lacunes, conduisant à son échec en raison de l'absence de réglementation, d'institutionnalisation des relations et de sanctions des États pour violation des règles. Cela a entraîné la nécessité de créer un système institutionnel organisé de relations interétatiques. Les prémisses de la création d'un tel système reposaient sur des bases de coopération économique, d'impact social, ainsi que sur des philosophies concernant l'État, l'humanité et l'individu en tant que sujets de droits nécessaires à l'établissement et au maintien du système relationnel.

Avec l'avènement de la révolution industrielle et ses conséquences, les grandes puissances européennes, qui allaient provoquer la Seconde Guerre mondiale, commencent à se dessiner, les États modernes européens se développant tant sur le plan économique que technique et militaire. Leurs intérêts à accumuler des richesses (l'époque de l'or) ont également conduit à la création de colonies sur d'autres continents. Les grandes puissances étaient capables d'assurer leur propre sécurité et collaboraient entre elles, souvent au détriment des petits États tampons, utilisés uniquement pour délimiter les zones de pouvoir, mais elles ont également vu la création de coalitions contre elles, destinées à limiter leur pouvoir (la règle de l'équilibre européen).

Dans ce contexte international, de plus en plus régi par des règles politiques, militaires et sociologiques, le droit international émerge comme un domaine juridique régulant les relations entre les acteurs internationaux. Les conséquences de la Première Guerre mondiale, notamment les destructions matérielles et les pertes humaines, ont conduit les États du monde à envisager l'établissement d'un nouvel ordre mondial différent, visant à garantir une plus grande sécurité et à prévenir l'éclatement d'une nouvelle conflagration mondiale

Une telle solution se présentait sous la forme d'un nouveau principe de relations internationales : le principe de sécurité collective, qui visait à éradiquer la guerre en la plaçant en dehors de la loi par le biais de mécanismes institutionnels. Le système de sécurité collective devait agir à travers des organisations de sécurité, comme la Société des Nations en 1919, qui cherchait à remplacer l'équilibre des puissances par un système institutionnel régulant les relations internationales. De la politique de puissance du système européen, on est passé à une politique de coopération, et le rapport de force entre les États a également radicalement changé, le système international étant dominé par trois grandes puissances, différentes du type traditionnel de puissance européenne : les États-Unis, l'Allemagne et la Russie. Cependant, la configuration tripolaire du système s'est révélée assez instable, notamment parce que deux des trois pôles, la Russie et l'Allemagne, étaient des États révisionnistes désireux de changer cette balance des puissances.[1]

---

[1] Randall Schweller, *Bandwagoning for Profit: Bringing the Revisionist State back in International Security*, 1994, pp. 72-107.

Parallèlement, l'évolution industrielle, l'accumulation économique et le développement technique et militaire ont conduit à l'émergence d'une nouvelle grande puissance sur la scène internationale : les États-Unis, ce qui a provoqué un glissement du système de pouvoir multipolaire vers un système bipolaire, surtout après 1945. Les deux superpuissances qui se disputeraient l'hégémonie mondiale, les États-Unis et l'URSS, fondaient leur autorité sur la possession d'armes nucléaires, ainsi que sur un développement économique et militaire considérable, incomparable avec celui de tout autre État sur la planète.

Au cours de la bipolarisation du pouvoir, la résolution de tout conflit dans le monde nécessitait l'« approbation » formelle et tacite de l'une des deux puissances. Cependant, celles-ci évitaient la confrontation militaire directe et les conditions pouvant mener à un conflit direct entre elles[1], agissant à la fois comme donatrices d'aide externe et comme distributrices d'armement. Les États cherchant à agir de manière autonome face aux volontés des deux grandes puissances ne pouvaient espérer que des intérêts régionaux limités.[2]

Le système international, néanmoins, conservait son caractère interdépendant, évoluant d'un système interétatique basé sur la souveraineté et l'égalité des États (établi à Westphalie) vers un système global. La position des États-Unis s'est renforcée, étant la puissance qui a considérablement influencé l'issue du conflit mondial. Ainsi, depuis l'entrée en guerre des États-Unis en 1941, un déséquilibre fort s'est installé au niveau systémique, entraînant une modification de la configuration systémique, le monde devenant alors bipolaire.[3] L'intention des États-Unis, qui étaient intervenus en tant que balancier en Europe durant le conflit mondial, était d'empêcher une grande puissance, comme l'Allemagne, de dominer l'Europe.

Par conséquent, la fin de la guerre a conduit à une reconfiguration systémique en une structure bipolaire, avec deux pôles de pouvoir, supérieurs aux puissances européennes. La fin

---

[1] Fulvio Attina, *Il sistema politico globale*, Roma, Editura Laterza, 1999.
[2] Vasile Puşcaş, op.cit., p. 71.
[3] Paul Kenedy, *The Rise and Fall of the Great Powers Economic Change and Military Conflict from 1500 to 2000*, Fontana Press, Londres, 1990.

de la Seconde Guerre mondiale marque également le début du processus de décolonisation, dont les conséquences sur le système seront immédiatement ressenties, alors que se poursuit le processus de fragmentation du système international, entamé au XIXe siècle. Les peuples des anciennes colonies obtiennent leur liberté, soit par le renoncement à l'autorité et au contrôle des grandes puissances, soit grâce au développement exceptionnel des idéologies nationalistes. Cependant, ces nouveaux États deviennent des cibles de l'expansion des sphères d'influence des deux superpuissances. Ces États émergents, issus du tiers monde, se trouvent en Afrique, en Asie centrale et du Sud, et en Amérique latine, ce qui entraîne une augmentation du nombre d'acteurs dans le système international et, par conséquent, une élévation des zones potentielles de conflit, conduisant parfois à une violence extrême dans des régions comme le Moyen-Orient, l'Indochine ou l'Amérique latine.

Pendant la période de la Guerre froide (1945-1991), la structure du système international est bipolaire, dominée par deux grandes puissances : les États-Unis et l'URSS. Ces deux pays, qualifiés de superpuissances, possèdent des capacités militaires, technologiques, économiques et politiques sans précédent. La tension croissante entre eux est alimentée par plusieurs facteurs, notamment leurs idéologies radicalement différentes, la compétition pour la suprématie mondiale, et le rôle révolutionnaire de l'URSS qui remet en question l'ordre international établi.

La Guerre froide ne se caractérise pas par un conflit armé traditionnel, mais plutôt par une intense course aux armements et des affrontements indirects sur le territoire de pays tiers, comme au Vietnam. L'équilibre de pouvoir entre les États-Unis et l'URSS n'est pas constant ; bien que les États-Unis aient d'abord eu l'avantage avec leur monopole nucléaire, cet équilibre s'est inversé après le développement de l'arme nucléaire par l'URSS en 1949.

Les deux superpuissances se partagent le globe en sphères d'influence, ce qui, au fil du temps, a conduit à ce que les États-Unis et l'Union soviétique aient des frontières communes en raison de leur expansion territoriale respective.

La première étape de la guerre froide commence en 1945-1946, avec la fin de la Seconde Guerre mondiale. Ce début est souvent marqué par le discours de Winston Churchill, ancien Premier ministre britannique, qui avertit de l'apparition d'une "cortine de fer" s'étendant sur l'Europe, des Balkans à l'Adriatique.[1] Un autre moment clé est l'article de John Kennan, ancien diplomate à l'ambassade des États-Unis à Moscou, qui affirme que l'Union soviétique poursuit une politique d'expansion délibérée et recommande une stratégie d'endiguement pour contrer cette menace. Cette première phase de la guerre froide est fortement influencée par la doctrine Truman de 1947, qui vise à endiguer l'expansion soviétique, surtout dans un contexte où les territoires libérés par les armées américaine et soviétique risquent d'être dominés par des puissances européennes affaiblies comme la France, le Royaume-Uni et l'Allemagne. Grâce à cette doctrine, les États-Unis parviennent à établir une large solidarité avec des alliés, en fournissant une aide financière importante pour la reconstruction des pays d'Europe occidentale. C'est ainsi qu'est né le Plan Marshall, le 12 mars 1947, considéré la politique des États-Unis de soutien aux peuples libres qui s'opposent aux tentatives d'asservissement des minorités armées ou des oppresseurs étrangers.[2] Le Plan Marshall implique à la fois l'octroi d'une aide financière substantielle aux États d'Europe centrale et occidentale pour lutter contre l'instauration du communisme, mais il implique également la création d'une organisation destinée à assurer la sécurité de l'Europe centrale et occidentale. Cette organisation créée en 1949 est l'Organisation du Traité de l'Atlantique Nord (OTAN), la première alliance militaire des États-Unis en temps de paix.

Avec le déclenchement de la première crise de Berlin (1948-1949), la première étape de la guerre froide se termine et la seconde commence. Cette période est marquée par une politique étrangère américaine beaucoup plus active, ainsi que par des affrontements et des crises sanglantes, notamment la crise des missiles à Cuba (octobre 1962) et la guerre du Vietnam (1965-

---

[1] Henry Kissinger, *Diplomaţia*, ALL, Bucureşti, 1998, pp. 387-389.

[2] Henry Kissinger, op. cit., p. 397.

1975). Les deux superpuissances consolident leur légitimité à intervenir dans des États tiers pour maintenir l'équilibre des pouvoirs. Un aspect essentiel de cette période, et du reste de la guerre froide, est que les deux superpuissances n'ont jamais été directement en conflit militaire sur le territoire de l'une ou de l'autre. Les affrontements ont lieu sur le sol d'États tiers, comme la Corée et le Cuba. La crise des missiles à Cuba représente un moment critique où le risque d'une confrontation directe entre les États-Unis et l'URSS devient imminent. De l'accord tacite entre ces deux grandes puissances de ne pas intervenir dans la sphère d'influence de l'autre, par exemple l'accord des États-Unis de ne pas intervenir à Cuba et de retirer ses missiles nucléaires de Turquie en échange du retrait de l'Union soviétique de ses missiles de Cuba, révèle l'absence d'une stratégie formelle de politique étrangère de l'Union soviétique, contrairement aux États-Unis qui ont une politique étrangère cohérente et consistante. En 1948, lorsque l'URSS teste sa première bombe nucléaire, les tensions entre les deux pays s'intensifient, jusqu'à ce qu'un certain apaisement des relations émerge avec l'établissement de la doctrine de la destruction mutuelle assurée, qui prévoit la possibilité d'une réponse en cas d'attaque. Dans ce contexte de détente, le Pacte de Varsovie est créé en 1955, ce qui mène à une troisième phase de la guerre froide, caractérisée par des tentatives de coopération entre les deux blocs. Des traités comme SALT I et II (Strategic Arms Limitation Treaties) sont signés, visant à limiter l'armement nucléaire. La Conférence sur la sécurité et la coopération en Europe, qui débouche sur l'OSCE en 1975, permet également de résoudre les questions des frontières en Europe, les deux superpuissances reconnaissant formellement leurs sphères d'influence. Cependant, à la fin des années 1970, la violence augmente à nouveau avec l'invasion soviétique de l'Afghanistan en 1979, provoquant une nouvelle détérioration des relations. Ce climat est exacerbé par le développement d'un bouclier anti-missile américain destiné à protéger les États-Unis et leurs alliés contre d'éventuelles attaques nucléaires soviétiques. La course aux armements devient insoutenable pour le système économique soviétique, ce qui contribue au déclin du communisme et à la désintégration de l'URSS en 1991, marquant ainsi la fin de la guerre froide.[1]

La fin de la Guerre froide a conduit à la création d'un environnement international unipolaire, dominé par une seule superpuissance, les États-Unis, dotée d'une capacité militaire destinée à soutenir ses intérêts globaux. À l'échelle internationale, on assiste à une fragmentation du système, augmentant le nombre de sujets de droit international, notamment à travers les guerres ethniques en Europe du Sud-Est et le renforcement des États en Afrique, en Asie du Sud et en Amérique latine. Avec l'émergence de ces nouveaux sujets de droit international, un nombre croissant d'acteurs transnationaux se manifestent, comprenant non seulement des États, mais aussi des organisations régionales, des groupes ou des réseaux terroristes, ainsi que des multinationales. Cela mène à la perception d'une tendance à la baisse du rôle central de l'État.

Actuellement, l'État reste le principal acteur du système international, mais on commence à reconnaître l'influence croissante des acteurs non étatiques sur les relations internationales. Parmi les acteurs étatiques, en plus des États-Unis, la Chine se distingue par son arsenal militaire en pleine expansion et sa croissance économique significative. Le Japon, quant à lui, est surtout influent sur le plan économique, tandis que l'Union européenne est considérée comme une grande puissance émergente, tant par sa croissance économique que par le lancement de programmes de coopération militaire dans le domaine de la sécurité européenne.

Au XXe siècle, la scène internationale a évolué pour inclure non seulement les États-nations, mais aussi un cercle beaucoup plus large d'acteurs, tels que des organisations non gouvernementales, des multinationales et des organisations intergouvernementales. Les caractéristiques des acteurs étatiques incluent la représentation d'une population sur un territoire bien défini, la capacité à mener des guerres et la jouissance de la souveraineté. En revanche, les acteurs non étatiques se concentrent sur la promotion de leurs propres intérêts, qu'ils

[1] Paul Kenedy, *The Rise and Fall of the Great Powers, Economic Change and Military Conflict from 1500 to 2000*, Fontana Press, Londres, 1990.

soient régionaux ou globaux. Nous aborderons plus en détail les sujets liés aux relations internationales dans un chapitre séparé.

4. L'interdépendance économique et le transnationalisme : les fondements des relations internationales contemporaines

Les relations internationales contemporaines peuvent être définies comme des relations transnationales, caractérisées par un pluralisme, ainsi que par l'institutionnalisme et l'interdépendance dans divers domaines.

Le transnationalisme est défini comme le processus par lequel, aux côtés des États ou des gouvernements, des acteurs privés, des groupes, des sociétés et des individus se manifestent, et dont l'activité peut avoir des conséquences sur l'évolution des événements.

Au cours des dernières décennies, l'importance qualitative des acteurs non gouvernementaux dans les relations internationales a considérablement augmenté. Les multinationales, les ONG et les groupes de pression ont commencé à interagir directement tant avec les gouvernements nationaux qu'avec ceux d'autres États où ils ont des intérêts économiques ou sociaux. Cela a permis l'établissement et le développement de régimes internationaux, la promotion de principes et de normes dans la société internationale, et a contribué au phénomène de la mondialisation ainsi qu'à ses conséquences sur l'État.

Le nouveau transnationalisme met également en avant le concept de société civile internationale, défini comme l'espace occupé par des forces transnationales telles que des ONG, des groupes de pression agissant de manière autonome, ainsi que des associations et des groupes formés pour soutenir des valeurs familiales, religieuses ou idéologiques. Les domaines qui composent les relations transnationales sont très diversifiés et englobent des aspects socio-culturels tels que des événements culturels, des conférences, des manifestations sportives, ainsi que des voyages de personnes. Sur le plan politique, on trouve des réunions et des communications internationales entre partis politiques, des conférences ou des congrès de groupes socio-politiques. Enfin, sur le plan économique, ces relations se traduisent par des rapports financiers et commerciaux entre entreprises multinationales, des transferts de technologie, des investissements étrangers, etc.

Les relations transnationales impliquent la mobilité des personnes, des biens, du capital, des services et des informations, une réalité qui a conduit au fil du temps à l'érosion de la conception de la souveraineté étatique de type westphalien au profit d'une action intense et diversifiée des acteurs transnationaux. Dans le même temps, la sécurité nationale, mentionnée précédemment, a commencé à être sérieusement menacée par des attaques informatiques[1], la prolifération des armes, les violences ethniques, le trafic de drogues et de personnes, la dégradation de l'environnement, les maladies infectieuses, ainsi que les sabotages économiques, etc. Cette dynamique montre que, alors que les États tentent de maintenir leur souveraineté, ils sont confrontés à des défis qui transcendent les frontières traditionnelles et nécessitent des réponses collaboratives à l'échelle internationale.

Avec tous ces avantages des relations transnationales, l'une des conséquences les plus néfastes a été l'apparition du terrorisme transnational, dirigé à la fois contre les États et contre des citoyens innocents. C'est pourquoi, dans leurs relations de coopération, les États et d'autres acteurs non étatiques ont inclus la lutte commune contre le terrorisme.

Une dimension importante des relations transnationales est représentée par les relations économiques, étant donné que la relation entre l'économie et la politique constitue un paradigme fondamental dans les relations internationales. L'économie est l'une des composantes les plus importantes des relations internationales contemporaines.

L'interdépendance économique entre les nations entraîne des effets politiques concernant leurs relations. Ainsi, des conflits internationaux de nature politique ou économique apparaissent, ainsi que des relations de coopération interétatique menées par des négociations économiques et même par des institutions économiques internationales destinées à gérer l'interdépendance

---

[1] L.E. Davis, *Globalization's Security Implications, Issue Paper*, Washington D.C., NDU, 2003.

économique, la concurrence internationale, ainsi que le fonctionnement des systèmes monétaires et financiers.[1]

Les caractéristiques économiques de l'époque moderne sont déterminées par l'expansion du commerce, les perfectionnements technologiques, l'offre et la demande de ressources, ainsi que le développement des transports et des communications. L'effet indiscutable de la situation économique internationale est l'interdépendance économique entre les États, qui caractérise également la politique extérieure des États, de sorte que la puissance économique—objectif et instrument de l'intérêt national—acquiert également des accents politiques.

En raison de l'augmentation sans précédent des échanges économiques entre les États, tant au niveau régional que mondial, nous avons assisté au phénomène de la mondialisation de la monnaie, tant pour le dollar américain que pour l'euro, ainsi qu'à la mondialisation du système bancaire et à l'intensification des consultations et des coopérations dans l'économie mondiale, institutionnalisée par l'apparition, la diversification et l'expansion des organisations internationales dotées de compétences économiques, tant des organisations non gouvernementales que des organisations intergouvernementales.

Au début, les institutions économiques internationales avaient des caractéristiques administratives de collaboration dans divers domaines. Cependant, la période de l'entre-deux-guerres a apporté la philosophie de la coopération dans le cadre de la Société des Nations sur des questions économiques, financières et fiscales. Par la suite, avec la création de l'ONU et des institutions ayant des compétences économiques, la tendance a été de créer des institutions économiques et monétaires d'inspiration politique avec les objectifs de mondialisation de la coopération et de l'interdépendance économique.

Les organismes de coopération économique ont différentes caractéristiques en fonction des compétences régionales (UE, OPEP) ou mondiales (GATT, FMI, Banque mondiale), gouvernementales ou non gouvernementales (Chambre de commerce internationale, entreprises transnationales). Les organisations d'intégration économique visent à atteindre cinq

---

[1] Vasile Puşcaş, op. cit., p. 144.

niveaux de coopération : une zone de libre-échange, une union douanière, un marché commun, une union économique et une union monétaire.

Chapitre 3
Les paradigmes des relations internationales : du réalisme à l'interdépendance

Les débats théoriques du XXe siècle se concentrent sur l'analyse des paradigmes des relations internationales, en particulier sur l'évolution des courants réalistes et idéalistes. Certains auteurs limitent le nombre de conceptions des relations internationales à trois principales[1] : la conception réaliste, la conception de l'interdépendance et la conception marxiste.

Les discussions concernant les acteurs du système international ont été particulièrement vives. Pendant longtemps, une seule thèse a dominé les écrits sur les relations internationales : celle selon laquelle l'État est le seul acteur significatif dans ce domaine, une thèse portée et promue par les auteurs réalistes. Cependant, à partir des années 1970, on a commencé à considérer d'autres sujets comme des acteurs des relations internationales, incluant les agences bureaucratiques gouvernementales ainsi que les acteurs non étatiques et transnationaux. Les organisations internationales intergouvernementales ont également été reconnues comme des acteurs représentés par des structures politiques facilitant l'interaction entre États et gouvernements.

Au cours des dernières décennies, les rapports internationaux ont été influencés par une multitude d'acteurs internationaux, représentés par des entités ayant un rôle identifiable dans les relations internationales.[2] Dans cette catégorie, on peut inclure même des individus, mais la plupart des auteurs tendent à considérer que seules les collectivités peuvent être traitées comme des acteurs sur la scène internationale.

En plus de l'État-nation, d'autres acteurs des relations internationales comprennent les organisations internationales, qu'elles soient gouvernementales ou non gouvernementales, les multinationales, ainsi que les mouvements terroristes transnationaux et les groupes criminels organisés transnationaux.

---

[1] J.-J. Roche, *Théories des relations internationales*, Montchrestien, 2001.

[2] Andrei Miroiu, Radu Sebastian Ungureanu, op. cit., p. 44.

Parmi les acteurs non étatiques, on trouve des organisations largement ou complètement autonomes par rapport au financement et au contrôle du gouvernement central, émanant de la société civile, de l'économie de marché ou d'initiatives politiques distinctes de l'autorité étatique. Ces acteurs s'engagent dans des relations transnationales qui produisent des conséquences dans un ou plusieurs États ou au sein d'organisations internationales.[1] Les acteurs non étatiques gagnent en influence, et l'État-nation est ainsi soumis à de nombreuses pressions dans le nouvel environnement international, en particulier si l'on considère la souveraineté comme un concept impliquant, en plus de l'identité et du territoire, l'acceptation des revendications d'autorité par d'autres États.[2]

Si l'on part de la définition de l'acteur international comme étant toute entité ayant un rôle identifiable dans les relations internationales, ou encore comme toute entité organisée, composée au moins indirectement d'êtres humains et qui n'est pas totalement subordonnée à un autre acteur du système mondial, tout en participant à des relations de pouvoir avec d'autres acteurs[3], on peut alors considérer que les individus peuvent également être considérés comme des acteurs dans le système international. Toutefois, cette définition entre en contradiction avec la perspective réaliste sur le concept de sujet de droit international.

Pour les réalistes classiques, le statut d'acteur dépend de trois critères : la souveraineté, la reconnaissance de l'État et le contrôle sur un territoire et une population. Les entités internationales, représentées par des organisations intergouvernementales et des multinationales, sont considérées comme des sujets dont les fonctions se subordonnent à celles des États. Les auteurs néo-réalistes, bien qu'ils maintiennent l'idée

---

[1] Daphnee Joselin et Wiliam Walance, *Non-state Actors in World Politics: A Framework*, Palgrave, London, 2001, pp. 3-4.

[2] Thomas J. Biersteker, State, Sovereignty and Territory, in Walter Carlsnaes, Thomas Risse Beth A. Simmons (eds.), *Handbook of International Relations*, Sage Publications, London, 2002, p. 167.

[3] Gustaaf Geeraerts, *Analysing Non-State Actors in world politics*, Pole Paper Series, Vrije Universiteit, Brussel, 1995.

que l'État est le sujet primordial des relations internationales, reconnaissent que ce n'est pas le seul acteur. Cependant, ils définissent la structure du système politique international en se basant sur les États, argumentant que ces derniers prévalent dans les confrontations avec des acteurs non étatiques, ont une durabilité plus importante et peuvent influencer de manière significative les termes des interactions dans le domaine de l'économie internationale.[1]

1. Le réalisme dans les relations internationales : de l'anarchie au pouvoir

Le réalisme est considéré comme le courant de pensée le plus ancien en relations internationales, ayant ses origines dans les écrits de l'auteur antique Thucydide, puis dans ceux de Hobbes, qui estime que la dimension conflictuelle des relations internationales découle de l'anarchie caractéristique de la société internationale. Ce courant est traditionnel et centré sur l'État, basé sur l'idée que l'objectif de la politique étrangère est de servir l'intérêt national et que la politique internationale implique une lutte pour le pouvoir, dans laquelle le pouvoir est à la fois un instrument et un but. La gestion des problèmes d'anarchie, de compétition et de conflit dans les relations internationales doit respecter certaines règles d'équilibre des pouvoirs ainsi que celles concernant la structure hiérarchique du système international.

Le courant réaliste met l'accent sur le rôle essentiel de l'État dans les relations internationales et insiste sur le fait que celles-ci sont essentiellement conflictuelles en raison de l'existence d'un système international anarchique, où les États cherchent à maximiser leur pouvoir, rendant ainsi la société internationale instable et poussée à établir un système de forces pour trouver son équilibre. Cette vision ne prend pas en compte les nouveaux acteurs sur la scène internationale, notamment les acteurs non étatiques, ni les petits États avec peu de pouvoir. Les partisans de cette conception incluent des auteurs reconnus tels que

[1] Kenneth N. Waltz, *Theory of International Politics*, McGraw-Hill, Boston, 1979, p. 93.

Thucydide, Machiavel et Hobbes, l'auteur du célèbre *Léviathan* (1651), qui a révélé le caractère anarchique et la dimension conflictuelle de la société internationale.

Après la Première Guerre mondiale, en 1918, une tentative de trouver une solution pour prévenir l'éclatement de nouveaux conflits mondiaux a conduit à la substitution du concert européen par d'autres courants, tels que l'idéalisme, le socialisme utopique ou le pacifisme, présents depuis le XIXe siècle. Les partisans de cette nouvelle approche, dont le président américain Woodrow Wilson, pensaient que les conflits potentiels entre États pouvaient être prévenus par l'intervention de la morale dans les affaires internationales et la promotion de la démocratie, car une société internationale composée d'États démocratiques serait plus facile à contrôler et à maintenir en paix.

En outre, dans le droit international, le terme de société est indispensable. Par « société internationale », la doctrine majoritaire désigne l'ensemble des États souverains, ainsi que tous les autres acteurs considérés comme pertinents du point de vue de la théorie des relations internationales.[1]

En réponse au courant idéaliste promu par le président américain Woodrow Wilson (1912-1920), la conception réaliste qui a émergé aux États-Unis après la Seconde Guerre mondiale a trouvé des adeptes parmi des figures comme Hans Morgenthau, Henri Kissinger, George Kennan et Raymond Aron, auteur de *Paix et guerre entre les nations* (1968).

Le père fondateur des études en relations internationales, Morgenthau[2], définissait la politique internationale comme un effort constant pour maintenir et protéger le pouvoir d'une nation, tout en cherchant à réduire ou à limiter le pouvoir d'autres nations. Le réalisme est considéré comme l'une des paradigmes centraux des relations internationales. Ce courant repose sur une série de considérations philosophiques concernant la nature humaine : l'homme est vu comme intrinsèquement mauvais, égoïste et poussé par une inclination naturelle à rechercher le

---

[1]Diana Botău, Valentin Constantin, *Drept internațional. Partea generală*, ed. Hamangiu, 2023, p. 23.

[2] Hans Morgenthau, *Politics Among Nations: The Struggle for Power and Peace*, New York, Knopf, 1948.

pouvoir et la domination. Cette vision entraîne une insécurité permanente, marquée par la méfiance et le soupçon à l'égard des autres. Une telle perspective peut mener à la conclusion d'un "guerre de tous contre tous" (« Homo homini lupus » selon Hobbes). Pour les auteurs réalistes, il n'y a pas de changement dans la nature humaine et, par conséquent, pas de progrès. De ce point de vue, le réalisme apparaît comme un paradigme conservateur et une philosophie des relations internationales. La destruction de la loi des nations visait à éliminer définitivement la guerre des instruments des relations internationales, mais l'échec de cette loi, ainsi que l'incapacité du système de sécurité collective à prévenir le déclenchement de la Seconde Guerre mondiale en 1939, ont conduit à une critique de l'idéalisme utopique et à l'émergence et au développement du réalisme classique en relations internationales.

Un des auteurs réalistes importants, Hans Morgenthau (1904-1980), décrit dans son ouvrage *Politics Among Nations : The Struggle for Power and Peace* (1948) les trois niveaux de construction philosophique du réalisme politique. Le premier niveau est celui individuel, où il décrit la nature humaine comme viciée et égoïste par nature, orientée vers la lutte pour le pouvoir et caractérisée par la domination. Cependant, cette description ne correspond qu'à l'homme politique, et non à l'individu dans sa globalité, qui est un composite d'éléments politiques, économiques, religieux et moraux. Le deuxième niveau est celui de l'État, où l'État-nation est considéré comme le principal acteur des relations internationales, dominant ainsi la pensée en matière de politique internationale. Enfin, le troisième niveau souligne que la caractéristique principale du système international est l'absence d'une autorité supérieure reconnue par les États, ce qui rend le système international anarchique. Ce terme "anarchique" ne signifie pas un état de désordre, mais plutôt que les États sont libres de décider de manière souveraine et autonome de leurs intérêts et des méthodes pour promouvoir ces intérêts. Ces niveaux de Morgenthau mettent en lumière la complexité des interactions internationales et soulignent l'importance de la souveraineté dans un système global dépourvu d'une autorité centrale.

L'étude des relations internationales a émergé autour d'une question fondamentale : « Comment naissent les guerres ? », suivie par la préoccupation d'arrêter ou de prévenir ces conflits. Un des théoriciens anglais les plus connus définit la guerre comme « le déterminant de la forme que prend le système à tout moment... elle décide si certains États survivent ou sont éliminés, s'ils montent ou descendent, si les frontières restent les mêmes ou sont changées... si une balance des pouvoirs existe, ou si un État devient prépondérant. »[1] Cette vision s'inscrit dans le courant réaliste, qui postule que la guerre est une réalité évidente découlant d'un état d'anarchie permanente.

La même perspective réaliste est adoptée par d'autres auteurs qui estiment que « le comportement essentiel qui doit être décrit et expliqué dans la théorie internationale est celui qui fait référence à la paix et à la guerre »[2]. Pour l'école réaliste, la guerre née d'un état d'anarchie permanente est une réalité évidente et le concept de base qui guide la politique internationale est l'intérêt différent en termes de puissance. Les réalistes, tels que Hans Morgenthau, insistent sur l'importance des intérêts nationaux définis en termes de pouvoir, et utilisent des concepts clés comme le système des États, l'équilibre des pouvoirs, la stratégie, la stabilité, la dissuasion et l'intérêt national. Ils affirment que l'incidence de la guerre ne peut pas être éliminée, mais peut être contrôlée et réduite à travers le jeu de l'équilibre des pouvoirs.[3]

La perspective néo-réaliste ou le « réalisme culturel », défendue par Kenneth Waltz et d'autres, maintient que les États ne peuvent pas adopter des attitudes altruistes, tout en soulignant qu'ils sont contraints par les caractéristiques et les interactions du système international. Cette approche implique que les États opèrent dans un cadre de règles et de normes, d'où ils ne peuvent pas échapper, même s'ils cherchent à maximiser leur pouvoir.

---

[1] Hedley Bull, *The anarchical society*, London, Macmillan, 1977.

[2] K.J. Holsky, *The dividing discipline hegemony and diversity in international theory*, Boston, Unwinhyman, 1985.

[3] Mircea Malița, *Jocuri pe scena lumii, conflicte, negocieri, diplomație*, C.H. Beck, 2007, pp. 20-21.

2. Le libéralisme dans les relations internationales : de l'idéalisme à l'interdépendance

Une révolution dans ces conceptions est apportée par les opinions des auteurs libéraux qui considèrent que la scène des relations internationales est caractérisée par l'émergence de relations transnationales mettant en avant des acteurs non étatiques, tels que les entreprises multinationales et les organisations internationales gouvernementales. Ces interactions ne peuvent plus être filtrées par les autorités de l'État d'origine. Selon les libéraux, les gouvernements, les organisations internationales et les ONG interagissent librement sur la scène internationale, sans être contraints par les frontières nationales, comme le propose le modèle réaliste.[1] Les interactions entre ces acteurs se renforcent également grâce à l'engagement des acteurs non étatiques dans des activités transnationales et au développement rapide des technologies qui facilitent la communication à l'échelle mondiale. Si devenir un acteur sur la scène internationale implique un certain degré d'autonomie et une capacité d'influence sur d'autres acteurs[2], il reste à déterminer dans quelle mesure les organisations internationales gouvernementales peuvent être considérées comme des acteurs des relations internationales. Les théorisations libérales pluralistes soutiennent que dans certaines conditions, les organisations intergouvernementales sont des acteurs du système international, disposant des ressources nécessaires pour influencer d'autres acteurs : expertise, financement, soutien populaire. Des exemples d'organisations qui réussissent à atteindre leurs objectifs incluent l'ONU et l'UE, bien que toutes les organisations gouvernementales ne parviennent pas à réaliser leurs objectifs.

---

[1] Peter Willets, Transnational Actors and International Organizations in Global Politics, in John Baylis, Steve Smith (eds.), *The Globalization of world Politics: An Introduction to International Relations*, ed. III, Oxford University Press, Oxford, 2005, pp. 442-443.

[2] Charles Pentland, International Organizations and Their Roles, étude publiée pour la première fois en 1976 et rééditée en Paul F. Diehl (ed.), *The Politics of International Organizations. Patterns and Insights*, Dorsey Press, Chicago, 1989, p. 12.

L'évolution de la théorie des relations internationales peut être abordée comme un dialogue permanent entre deux positions.[1] Les premières années de l'existence de la théorie des relations internationales, en tant que discipline académique, sont marquées par un débat entre la pensée réaliste et l'approche idéaliste-libérale.[2] Ainsi, en opposition à la conception réaliste, l'école libérale, souvent qualifiée d'« utopique » par les réalistes, ne soutient pas que la guerre est inévitable. Elle considère plutôt que la paix peut être instaurée en évitant les causes qui mènent à la guerre, par des moyens tels que la propagation de la démocratie dans les États (comme le fait l'ONU) ou l'établissement du libre-échange, favorisant ainsi une interdépendance économique entre les États.

Bien que le réalisme et le libéralisme partagent des outils rationnels et soient classés comme rationalistes et positivistes, une école rationaliste a émergé, servant de pont entre les deux, empruntant des éléments des deux conceptions. Parmi ses représentants notables figurent Hugo Grotius (qui définit l'idée d'une société d'États gouvernée par des lois et conventions visant à faire respecter ces lois, tout en considérant que les guerres peuvent être tolérées comme moyen de résoudre des conflits justes) et Emmerich Vattel.

L'approche libérale des relations internationales identifie plusieurs étapes. La première phase, marquée par l'idéalisme (ou le libéralisme utopique), domine la pensée théorique et pratique dans les années 1920-1930. Une deuxième phase correspond à la typologie du tempérament libéral dans les relations internationales, tandis que les années 80 sont dominées par la confrontation entre le néo-réalisme, tel qu'il a été développé par Kenneth Waltz, et l'institutionnalisme néolibéral, représenté par Keohane et Nye.

L'idéalisme utopique, avec ses théoriciens de l'entre-deux-guerres, fonde ses propositions de réforme de l'ordre mondial sur l'impact des idées sur le comportement, l'égalité, la dignité et la

---

[1] Andrei Miroiu, Radu Sebastian Ungureanu, op.cit., p. 78.

[2] Martin Hollis et Steve Smith, *Explaining and Understanding International Relations*, Clarendon Press, Oxford, 1990, p. 10.

liberté de l'individu, ainsi que sur la nécessité de protéger l'individu contre les abus des autorités centrales.[1]

L'histoire formelle de la discipline des relations internationales commence donc par un moment idéaliste, qui n'émerge pas de nulle part mais est le résultat de l'expérience traumatisante de la Première Guerre mondiale, conduisant à la cristallisation d'une alternative d'origine libérale à la politique de puissance du XIXe siècle, accusée d'irrationnalité.[2]

L'image du nationalisme de l'entre-deux-guerres d'origine libérale repose sur des fondements philosophiques qui influencent les propositions de gouvernance. Ces fondements incluent : la perspective positiviste sur la nature humaine, qui soutient que les comportements humains peuvent être observés et mesurés de manière objective ; la croyance en l'harmonisation naturelle des intérêts des individus et des États, favorisant ainsi la coopération plutôt que le conflit ; les principes libéraux de philosophie de l'histoire, conduisant à une foi dans le progrès humain et social ; le développement des organisations internationales comme instruments de création, de maintien et de renforcement de la paix à l'échelle mondiale, soutenus par une politique de désarmement et le respect du principe de non-intervention dans les affaires internes des États ; le principe de sécurité collective, qui stipule que la sécurité d'un État est liée à celle des autres, favorisant une approche collaborative.

L'idéalisme, défendu par des penseurs tels que Locke, Bentham, Rousseau, Kant, et J.S. Mill, est souvent désigné dans leurs écrits par les termes « utopisme », « libéralisme » ou « constructivisme ». Ce courant de pensée a promu des idées telles que la « paix perpétuelle » et l'« harmonie universelle », mettant l'accent sur des valeurs morales et des normes juridiques. En matière de politique étrangère, l'idéalisme encourage l'internationalisme et l'harmonie des intérêts au sein d'un système multiétatique décentralisé, né de l'intérêt national et de l'indépendance des États.

---

[1] Voir Charles W. Jr. Kegley, Eugene R. Wittkopf, *World Politics : Trends and Transformations*, ed. IX, Thomson Learning Belmont, 2006.

[2] Andrei Miroiu, Radu Sebastian Ungureanu, op. cit., p. 82.

Cette approche a influencé de manière significative les débats sur la gouvernance mondiale et les relations internationales au cours de la période de l'entre-deux-guerres, jetant les bases pour des institutions comme la Société des Nations.

3. L'internationalisme libéral et son impact sur la dynamique des relations internationales

Avec le déclenchement de la Première Guerre mondiale, la doctrine de l'internationalisme libéral a émergé, promue notamment par le président américain Woodrow Wilson en 1918. Cette doctrine se caractérise par la promotion d'un système politique démocratique basé sur le principe de l'autodétermination nationale. Elle vise à adapter et à intégrer l'intérêt national dans des structures institutionnelles internationales, tout en soutenant des actions diplomatiques concertées pour réaliser les objectifs de paix et de démocratie.

Des théoriciens importants ont ensuite systématisé le réalisme d'après-guerre, définissant les relations internationales comme étant principalement caractérisées par l'action des États en tant que sujets primordiaux des relations internationales. Ces États poursuivent leurs intérêts nationaux par le biais de leurs capacités de pouvoir, qui servent cet objectif.[1] Cependant, avec les transformations économiques internationales des années 1960-1970 et le changement des rapports de force, les relations interétatiques ont évolué vers une nouvelle phase où d'autres acteurs, en plus des États, ont commencé à jouer un rôle significatif. Cette situation a été désignée par les théoriciens néoréalistes comme une « interdépendance complexe »[2]. Malgré cela, les théoriciens ont maintenu l'idée que les relations internationales sont fondamentalement caractérisées par le réalisme, introduisant la « théorie du choix rationnel »[3] qui se concentre sur les objectifs des acteurs internationaux cherchant à obtenir des bénéfices, tout en se préoccupant de leur propre

[1] Voir Hans J. Morgenthau, *The struggle for Power and Peace*, 1948.
[2] Voir R.O. Keohane and J.S. Nye, *Power and Independence*, 1989.
[3] Voir Kenneth Waltz, *Theory of International Politics*, 1979.

sécurité et en tenant compte de la distribution du pouvoir dans le monde, dans un système à la fois hiérarchique et anarchique.

L'idéalisme utopique est contesté par un mouvement révisionniste qui a pris de l'ampleur ces dernières décennies. Ce mouvement remet en question l'existence d'une école idéologique unifiée, ainsi que les efforts pour établir la vérité sur les origines des relations internationales comme discipline académique autonome. Le courant libéral internationaliste de l'entre-deux-guerres nie pratiquement l'existence d'une école idéaliste unitaire, mais aussi les efforts de récupération de la vérité et, pratiquement, conteste l'existence d'une école réaliste qu'il considère seulement comme un ensemble amalgamé de discours et de problématiques dont les lieux communs n'atteignent pas la masse critique qui justifie leur fusion en une catégorie unitaire.[1]

Les libéraux, en tentant de projeter l'idéal de l'État de droit de la sphère interne vers la sphère internationale, proposent son institutionnalisation sous la forme de la sécurité collective, espérant que cela équilibrera l'agression par la coopération de tous les membres de ce système. Cette approche a marqué une évolution significative dans les débats sur les relations internationales, notamment dans le contexte de la montée des organisations internationales et des normes de coopération. Les discussions sur le rôle des États et des acteurs non étatiques dans le maintien de la paix et de la sécurité internationale continuent d'être d'actualité.

La conception de l'interdépendance est une approche des relations internationales qui met en avant le développement d'un réseau complexe d'interactions après la Seconde Guerre mondiale, donnant naissance à de nouveaux acteurs autonomes sur la scène internationale.[2] Cette théorie souligne que la dépendance mutuelle des États entraîne la nécessité d'une coopération accrue et de relations économiques et sociales plus étroites entre eux, une évolution qui constitue une critique claire

---

[1] Peter Wilson, The Myth of the First Great Debate, *Review of International Studies*.

[2] R.O. Keohane, J.S. Nye, *Transnational relations and world politics*, Cambridge, Harward University Press, 1972 ; *Power and interdependence: World politics in trasition*, Boston, Litlle Brown, 1977.

de l'approche réaliste. Contrairement au réalisme, qui insiste sur la compétition et les préoccupations sécuritaires des États, l'interdépendance insiste sur la coopération et les avantages réciproques dans le système international.

Pour répondre aux exigences de croissance économique et de développement social, les États s'ouvrent davantage aux échanges internationaux, ce qui conduit inévitablement à une limitation de leur autonomie.[1] De ce fait, il devient de plus en plus difficile de distinguer entre la politique intérieure et la politique extérieure d'un pays, ou d'expliquer les choix stratégiques et militaires sans prendre en compte cette interdépendance. Cette conception de l'interdépendance réduit donc l'importance du pouvoir politique exclusif des États en reconnaissant le rôle croissant des acteurs non étatiques (entreprises multinationales, ONG, institutions internationales) et en transférant une partie de l'influence et du pouvoir traditionnellement attribués aux États à ces nouveaux acteurs.

Bien que cette théorie de l'interdépendance ait gagné en popularité, elle a aussi été critiquée. Certains estiment que même dans un contexte de globalisation et d'interdépendance accrue, l'État conserve sa capacité à influencer la scène internationale et demeure un acteur central du système mondial, même face à la montée de la coopération transnationale.[2]

4. Le marxisme et les conflits internationaux : une analyse des disparités économiques

L'école marxiste considère que la cause des conflits internationaux réside dans les disparités entre riches et pauvres, entre exploités et exploiteurs. Au niveau international, l'expansion continue des États capitalistes en quête de ressources et de profits (théorie du libéralisme) alimente cette dynamique. Selon la vision marxiste, la paix ne peut être atteinte qu'en éliminant la classe des exploiteurs, en mettant fin à la domination

---

[1] Philippe Braillard, Mohamad-Reja Djaili, *Les relations internationales*, PUF, 1994, p. 9.

[2] Voir aussi Samy Cohen, *La résistance des Etats, Seuil*, 2003.

et en permettant le triomphe des idéaux de liberté, d'égalité et de fraternité de l'époque des Lumières.

Le courant marxiste et sa perspective sur les relations internationales, apparu au XIXe siècle, soulignent la primauté des facteurs économiques dans ces relations. Dans les années 1960, divers courants néo-marxistes ont démontré que l'impérialisme reste un facteur explicatif essentiel des relations internationales et un déclencheur de conflits. Cette approche accorde une importance considérable aux facteurs économiques dans la structuration des échanges internationaux, reléguant les facteurs politiques, psychologiques et culturels au second plan, bien que ces derniers jouent également un rôle significatif dans les relations contemporaines. Les partisans de cette théorie considèrent les relations internationales comme un rapport d'exploitation et de dépendance économique, mais cette vue a parfois été jugée simpliste par ses critiques, car elle néglige la complexité des autres influences internationales.

Le marxisme propose une analyse des conflits internationaux en mettant en avant les disparités économiques comme moteur central de ces confrontations. Selon la perspective marxiste, les conflits entre nations sont profondément enracinés dans les inégalités de la structure économique mondiale, qui sont dominées par le capitalisme et les relations de classe. Le capitalisme, en concentrant les richesses entre les mains de quelques puissances économiques (généralement des États capitalistes avancés), crée des conditions d'exploitation et d'injustice qui, inévitablement, génèrent des tensions et des rivalités.

Le marxisme voit ainsi les conflits internationaux comme une extension des luttes de classes internes à l'échelle mondiale, où les États plus puissants utilisent leur influence pour dominer économiquement et politiquement les nations moins développées. Ces dernières sont souvent contraintes de rester dans des positions économiques de dépendance, alimentant les disparités mondiales. La concurrence pour les ressources, les marchés et les zones d'influence devient un terrain de conflits, que ce soit sous forme de guerres économiques, de guerres par procuration, ou même de conflits militaires directs.

En somme, pour les théoriciens marxistes, la résolution des conflits internationaux passe par une transformation des structures économiques mondiales, permettant de surmonter les disparités de pouvoir et de ressources et d'établir une société sans classes où la coopération remplacerait la rivalité économique.

5. Le rationalisme : de l'anarchie à la société internationale

Le rationalisme, un courant britannique des relations internationales, se développe comme une approche distincte dans l'étude de ces relations et s'inspire de la pensée des auteurs Grotius et Vattel, ainsi que des idées du rationaliste John Locke. Locke décrit un état de nature où la crainte principale des individus n'est pas la menace de la violence physique, mais plutôt l'absence d'une autorité supérieure responsable de la justice entre les individus et veillant au respect des contrats entre eux. Ainsi, appliqué aux relations internationales, cette vision rationaliste implique que la menace de la guerre n'est pas aussi préoccupante que l'importance d'établir des accords respectés entre les États. Cette perspective souligne que l'anarchie, dans le contexte international, ne se limite pas simplement à l'absence d'une autorité centrale au-dessus des États, mais renvoie également à l'absence d'éléments d'ordre stable.

Une caractéristique du rationalisme est la conceptualisation des États en tant qu'entités indépendantes et autonomes, sans liens naturels entre elles. Cependant, une deuxième étape est atteinte avec la fondation d'un système d'États marqué par des contacts suffisants et un impact mutuel de leurs décisions, ce qui conduit à une reconnaissance partielle de leur interdépendance, de sorte que tous se comportent comme des parties d'un tout.[1] La troisième étape consiste en l'émergence d'une société d'États, ou d'une société internationale, dans laquelle un groupe d'États partage des intérêts et des valeurs communes, formant ainsi une société à part entière, acceptant l'interdépendance et s'appuyant sur des règles et institutions communes.

---

[1] Hedley Bull, *The Anarchical society*, Columbia University Press, New York, 1977, p. 9.

Le rationalisme accorde une importance particulière aux institutions internationales, aux valeurs, aux normes et aux règles, dont le rôle dans la formation, le maintien et l'évolution de la société internationale est au centre des préoccupations de tous les auteurs de ce courant[1].

---

[1] Andrei Miroiu, Radu Sebastian Ungureanu, op. cit., p. 113.

Chapitre 4
Le terrorisme en tant que problème mondial : l'impact sur les relations internationales

1. Le terrorisme : sa genèse et ses conséquences dans le monde moderne

L'une des questions fondamentales des relations internationales est celle de la guerre et de la paix, et le fait d'assurer la paix implique une politique de sécurité collective pour tous les acteurs internationaux. En raison des relations transfrontalières intenses entre les sujets des relations internationales (États, organisations gouvernementales et non gouvernementales, entreprises multinationales), de nouvelles formes de criminalité sont apparues ; parmi elles, le terrorisme international se distingue par une violence extrême, avec des conséquences de plus en plus marquantes pour la société civile ainsi que pour les systèmes de sécurité nationaux et mondiaux.

Les attaques terroristes contre les États-Unis le 11 septembre 2001, suivies de celles de Madrid en Espagne le 11 mars 2004, ont ébranlé en profondeur l'équilibre du système international de sécurité. Le terrorisme est ainsi devenu un problème de sécurité non seulement interne pour chaque État, mais aussi global. Les manifestations du terrorisme ont pris de l'ampleur à la fin du XXe siècle, notamment grâce aux médias de masse comme la presse, la radio et la télévision, qui diffusent largement et rapidement des informations sur ces actes. On peut affirmer que le terrorisme est un facteur perturbateur des relations interétatiques et interethniques, plaçant la communauté internationale dans la nécessité de coopérer pour élaborer des stratégies et des tactiques communes afin de combattre ce fléau à l'échelle mondiale.

La lutte contre le terrorisme est systématiquement et minutieusement étudiée sous différents aspects par divers analystes politiques, philosophes, sociologues, statisticiens, militaires et juristes, ainsi que par les services spéciaux, les départements militaires et les organisations gouvernementales et non gouvernementales. De nombreuses conférences, séminaires et symposiums sont organisés sur ce thème, et une discipline spécialisée, la "terrorologie", a même vu le jour.

L'activité terroriste se manifeste aujourd'hui de manière aiguë, sans précédent, avec des répercussions multiples sur la sécurité des États et la stabilité internationale en général. Les actes terroristes, commis par des individus isolés, représentent des menaces graves et tendent à se multiplier, exploitant des moyens capables de causer de sérieux dommages aux États et même à l'ensemble de la communauté internationale.[1]

Les événements tragiques du 11 septembre 2001, suivis de ceux du 11 mars et du 1er septembre 2004, ont marqué une nouvelle étape dans l'histoire de l'humanité. En constituant de véritables massacres, ces actes ont radicalement changé la perception du terrorisme et de l'extrémisme sous toutes ses formes. Le renforcement des mesures de lutte contre ces phénomènes et la prise de conscience aiguë de la nécessité de coopérer internationalement pour les combattre sont devenus une nécessité mondiale, impliquant une « guerre non déclarée » contre un ennemi pratiquement invisible mais extrêmement violent.

Le terrorisme peut prendre la forme d'un groupe opérant au sein d'un État ou d'un groupe transnational, et il est très difficile de faire face à une telle menace de manière isolée. Les terroristes ont développé des branches internationales bien avant que les États ne puissent y faire face. À une époque, certains États pensaient que le terrorisme pouvait être contenu et qu'il était lié à un seul pays. Mais la réalité s'est avérée différente. Il est maintenant largement démontré que le terrorisme a une dimension internationale et représente une menace pour la sécurité nationale, régionale et mondiale. Par conséquent, la réponse à ce phénomène doit également être internationale. La coopération dans ce domaine constitue une tâche essentielle, que l'OTAN, l'ONU, l'OSCE et d'autres organisations internationales prennent en considération.

Aujourd'hui, le terrorisme attaque les valeurs de la civilisation moderne, mettant en danger, avant tout, les droits et

---

[1] A. Dincu, *Bazele criminologiei*, Bucureşti, Editura Proarcadia, 1993, p. 104.

libertés fondamentaux de l'homme, dont le respect constitue l'un des devoirs fondamentaux de l'État. L'activité visant à garantir la sécurité de l'État ne peut porter atteinte aux droits et libertés légitimes de l'homme. En revanche, les limitations de ces droits sont aujourd'hui imposées par le terrorisme international, considéré comme un "crime sanglant contre la paix et la sécurité internationale". À mesure que les processus d'intégration progressent, les enjeux géoéconomiques mondiaux deviennent de plus en plus cruciaux. Les besoins accrus de l'économie mondiale en matière de finances, de ressources énergétiques, d'informatique, etc., posent des problèmes interminables dans le monde moderne. Le caractère objectif de ces questions a naturellement conduit les principales structures occidentales à gérer ces domaines en priorité, mobilisant des ressources supplémentaires considérables à cette fin.

Toutefois, certains aspects de la sécurité internationale nécessitent une aide accrue de la part de la communauté mondiale, tant par une coopération élargie que par une augmentation des dépenses. Premièrement, il s'agit de contrer les nouveaux risques pour la sécurité internationale. Deuxièmement, il existe toujours le danger de raviver les conflits interétatiques liés à divers conflits territoriaux non résolus, à la possibilité d'expansions géopolitiques, à la réverbération de la nostalgie de certaines dimensions perdues, etc. Troisièmement, la sécurité générale est menacée par des conflits internes découlant de contradictions interethniques ou interconfessionnelles, avec le risque que des foyers de tensions affectent de vastes zones. En d'autres termes, il existe de nombreuses raisons de se préoccuper de la sécurité internationale, d'autant plus urgentes face à la montée de l'extrémisme et, en particulier, du terrorisme international. Ce dernier accumule souvent ses énergies destructrices en exploitant les problèmes susmentionnés, se transformant en l'un des phénomènes les plus dangereux capables de déstabiliser la communauté internationale par son imprévisibilité, sa violation des normes et valeurs morales et son impact émotionnel sur l'opinion publique.

Le terrorisme, reconnu dès la fin du XXe siècle comme une infraction dangereuse contre l'ordre public, a pris une ampleur menaçante, dépassant largement les préoccupations internes des

États pour devenir une menace mondiale. Aujourd'hui, il constitue un facteur de déstabilisation de la sécurité globale. Selon les spécialistes, la menace terroriste est plus grave que bien d'autres, représentant une vulnérabilité croissante pour la paix et la sécurité de toutes les nations.

En raison des effets terrifiants qu'il produit dans la vie des individus, les actes de terrorisme ont toujours été fermement réprouvés et condamnés par la communauté internationale. Les organismes internationaux, qu'ils soient gouvernementaux ou non, continuent d'œuvrer pour éradiquer le terrorisme au niveau mondial. Plus récemment, les dirigeants politiques du monde entier se sont accordés sur la nécessité de former une "grande coalition" contre le terrorisme, une coalition impliquant les nations, les institutions gouvernementales et les organisations non gouvernementales, pour combattre les causes et les effets de ce fléau.[1]

Une stratégie efficace de lutte contre le terrorisme exige des moyens juridiques et moraux, visant à établir des relations internationales solides, capables de renforcer la paix. La sécurité collective est essentielle, car elle répond aux besoins actuels en matière de résolution des problèmes complexes. L'acceptation d'engagements communs constitue un principe stratégique permettant de réaliser ces objectifs dans le respect mutuel, en évitant la menace par la force.

Dans un contexte de paix relative, les États doivent s'unir pour combattre le terrorisme, qui est omniprésent et constitue une menace quotidienne pour chaque personne et chaque nation.[2]

Dans ce cadre, l'architecture actuelle de la sécurité mondiale reflète les caractéristiques du contexte géopolitique : une transition vers un système multipolaire, la compétition des puissances dans l'espace euro-atlantique pour redéfinir les rôles, les tentatives de la Russie de reprendre son statut de grande puissance mondiale et d'occuper des positions clés dans les structures de sécurité européennes, notamment au sein du

---

[1] Dumitru Mazilu, *Dreptul internaţional public*, Vol. II, Bucureşti, Editura Lumina Lex, 2002, pp. 384, 387.

[2] M. Marcus, *Sécurité et démocratie à l'épreuve de la violence*, Strasbourg, Ed. du Conseil de l'Europe, 2004, pp. 17, 18.

nouveau système européen de sécurité qui repose sur la complémentarité entre l'OTAN, l'UE, le Conseil de l'Europe et l'OSCE.[1]

À l'étape actuelle, des changements essentiels se produisent dans le système de sécurité, influençant non seulement les méthodes et moyens de garantir la sécurité dans le monde contemporain, mais aussi l'essence même du concept. Parallèlement, l'interdépendance croissante entre les États fait que la sécurité individuelle devient impossible sans assurer celle des autres. L'apparition de problèmes globaux mène à la conclusion inévitable qu'ils ne peuvent être résolus par les efforts d'un seul État. Dans ce contexte, l'union des efforts de la majorité, voire de tous les États du monde, devient objectivement nécessaire.

Par conséquent, la seule solution raisonnable pour assurer la sécurité au XXIe siècle consiste à trouver un équilibre entre ses propres intérêts et ceux des autres États. Cela nécessite certains compromis et une coordination des actions dans la lutte efficace contre le terrorisme, fondée sur la coopération internationale, ainsi que sur les principes et normes unanimement reconnus du droit international, avec l'engagement de tous les États et peuples du monde. Ainsi, cet objectif n'a pas d'alternative et ne pourra pas en avoir dans les décennies à venir.

2. Le terrorisme et la sécurité internationale : provocations et solutions

Le terrorisme se manifeste aux frontières des cultures et des époques de développement historique. Un exemple particulièrement éloquent est la situation en Israël et en Palestine, où le monde islamique se confronte à l'avant-poste de la civilisation européenne, implanté profondément en Asie, la société traditionnelle palestinienne étant en contact avec la société modernisée d'Israël. Les sociétés homogènes du point de vue culturel et du stade de développement (comme les Pays-Bas ou la Suisse) sont davantage protégées du terrorisme.

---

[1] Teodor Meleşcanu, *Renaşterea diplomaţiei româneşti 1994-1996*, Cluj-Napoca, Editura Dacia, 2002, p. 98.

Dans notre perspective, une attention particulière est accordée aux types suivants de terrorisme[1] : le terrorisme politique[2], le terrorisme d'État, le terrorisme social, le terrorisme religieux[3], le terrorisme national et le terrorisme de droit commun.

Depuis la fin du XIXe siècle, lorsque le terrorisme avait déjà dépassé les frontières internes des États, des tentatives ont été faites pour donner une définition claire de la notion de terrorisme international, qui soit acceptée par tous les États. Actuellement, de nombreux spécialistes en terrorologie, juristes et politologues, ainsi que divers chercheurs et experts de différentes structures et organisations internationales, tant gouvernementales que non gouvernementales, sont arrivés à la conclusion que les actions terroristes relèvent de la catégorie des "crimes contre les bases du régime constitutionnel et la sécurité de l'État", de la catégorie des "conflits armés de haute intensité" et des formes de lutte politique qui émergent sur la base de protestations socio-politiques, c'est-à-dire une nouvelle forme de guerre cachée non déclarée.[4] Une coopération efficace et multilatérale des États pour prévenir, réprimer et contrer le terrorisme n'est possible que si l'on comprend en profondeur les significations contenues dans la notion de terrorisme international.

Dans notre vision, certains éléments fondamentaux du terrorisme international deviennent évidents par l'application ou la menace d'application de la violence organisée, par des attentats à l'encontre de l'ordre juridique international, visant à éliminer l'adversaire politique représenté par les gouvernements, les organisations internationales ou leurs représentants, en atteignant d'autres objectifs d'importance internationale, ainsi

---

[1] Pour plus de détails, voir Gabriel Tănăsescu, *Criminologie analitică*, Editura Universitaria, 2004, p. 297-333 et s.

[2] Exemples : Les Khmers rouges du Cambodge, l'Armée de libération nationale de Colombie, l'Armée de libération nationale irlandaise (INLA), les Brigades rouges d'Italie, la Faction Armée rouge d'Allemagne (RAF), le Front de libération de la Palestine (PLF) ou encore les Moudjahidines iraniens organisations – E Khalo, Armée de libération nationale d'Iran, Moudjahidine du peuple d'Iran, etc.

[3] Al Fatah, Al-Qaïda, ETA (Organisation séparatiste basque), Hamas, Hezbollah, Jihad islamique, IRA (Armée républicaine irlandaise), etc.

[4] F. Karlshofen, Y. Sandoz, Mise en œuvre du droit international humanitaire, Dordrecht, Martinus Nijhoft publisher, 1989, p. 405.

qu'en intimidant des personnes qui ne font pas directement partie de la cible de l'attaque.

Le terrorisme international dispose actuellement de structures organisationnelles mis au point. Les organisations terroristes ont établi des liens étroits entre elles sur les plans idéologique, militaire, confessionnel et commercial. Les groupes terroristes et leurs dirigeants se consultent sur des questions liées à l'acquisition d'armes, à la sécurité mutuelle, à la répartition des responsabilités et des obligations lors de la mise en œuvre d'opérations d'envergure, comme celles qui ont eu lieu en Afghanistan ou en Libye. Il est également important de noter que les organisations terroristes prennent des mesures habiles pour attirer à leurs côtés les meilleurs « spécialistes » d'autres groupes. L'utilisation commune, par plusieurs groupes, des informations, des armes, des explosifs, etc., renforce indéniablement la puissance des alliances formées.

Le terrorisme international devient encore plus dangereux en tentant de s'approprier frauduleusement les qualités des mouvements de libération nationale, de la lutte des peuples pour la liberté et l'indépendance, profitant de leur droit à recourir, au nom des idéaux pour lesquels ils se battent, à tous les moyens possibles, y compris la force.[1]

3. Des attentats contre les personnes bénéficiant d'une protection internationale : un défi pour la sécurité mondiale

Depuis les temps les plus anciens, lorsque les gens ont commencé à se regrouper en clans et à choisir leurs dirigeants, il y avait toujours quelqu'un qui, pour une raison ou une autre, souhaitait prendre la place du chef. L'acte de l'assassinat politique est si étroitement lié à l'évolution de l'histoire qu'il est difficile de dire si l'histoire façonne l'assassinat ou l'inverse. L'homme a recours à cet instrument pour se libérer des désillusions, atteindre ses objectifs ou venger des offenses subies. Au fil des ans, de nombreux assassinats de dirigeants ont eu lieu dans divers États, provoquant des troubles et une instabilité dans les relations humaines.

---

[1] V. Crețu, *Drept internațional penal*, București, Editura Tempus, 1996, p. 249.

Jusqu'à présent, le meurtre d'une personne bénéficiant d'une protection internationale est considéré comme un facteur de risque qui enfreint les dispositions de la Charte des Nations Unies, en déstabilisant la paix et la sécurité internationales[1], et en rompant les relations d'amitié et de coopération entre États. La commission de tels crimes peut entraîner une grave perturbation de l'équilibre des relations entre les pays du monde.[2]

Nous pouvons tenter une classification des motifs qui ont conduit à divers actes de terrorisme, en fonction de la motivation des auteurs au moment de la commission des actes, ainsi que des résultats recherchés et obtenus. Ainsi, ils peuvent être classés comme suit :

a. Motifs politiques - l'assassinat du président des États-Unis, John Fitzgerald Kennedy, à Dallas le 22 novembre 1963.

b. Motifs idéologiques - l'assassinat, le 4 avril 1968, du pasteur et écrivain américain Martin Luther King, leader du mouvement pour les droits civiques des Afro-Américains, lauréat du Prix Nobel de la paix.

c. Motifs religieux - l'assassinat, le 4 novembre 1995, à Tel-Aviv, du Premier ministre israélien Ytzhak Rabin, par un sympathisant de l'extrême droite juive, un étudiant juif nommé Yigal Amir, qui a justifié son acte par la "commande" de Dieu, se laissant arrêter sans résistance et sans regret.

d. Motifs psychologiques - John Hinckley a ouvert le feu sur le président des États-Unis, Ronald Reagan, le 30 mars 1981.

e. Motifs économiques - l'Organisation des forces révolutionnaires armées de Colombie, la force terroriste la plus redoutable en Amérique du Sud, comptant environ 17 000 membres, a commis de nombreux assassinats de représentants de l'État et de dirigeants politiques en raison de leur implication dans l'arrêt du commerce illégal de drogues.

f. Motifs personnels - le jeune d'origine yougoslave, Mihailo Mihalovici, qui a, le 10 septembre 2003, dans un supermarché à Stockholm, poignardé à plusieurs reprises la ministre des

---

[1] Articles 24, 26 de la Charte des Nations Unies.

[2] Articles 2 et 3 de la Convention pour la prévention et la répression des infractions commises contre les personnes bénéficiant d'une protection internationale, y compris les agents diplomatiques, signée à New York le 14 décembre 1973.

Affaires étrangères de Suède, Anny Lindh, l'une des personnalités politiques les plus connues du pays. Il s'agissait d'un jeune homme souffrant d'une maladie mentale, manifestant une haine obsessionnelle envers sa victime, depuis que celle-ci avait approuvé les bombardements de l'OTAN sur la Yougoslavie.

Les actions considérées comme une forme de terrorisme par la commission de graves infractions contre des chefs d'État, des chefs de gouvernement, des ministres des Affaires étrangères, des représentants officiels de l'État, des représentants d'organisations internationales, des agents diplomatiques et d'autres personnes bénéficiant de protection internationale[1], menacent la sécurité de ces personnes et créent un danger réel pour le maintien de relations internationales normales, essentielles à la coopération entre États. La méthodologie de prévention et de sanction de ces actes est principalement prévue par la Convention sur la prévention et la répression des infractions contre les personnes jouissant d'une protection internationale, y compris les agents diplomatiques, signée à New York le 14 décembre 1973. Cette convention prévoit l'extradition des criminels vers l'État où le crime a été commis, ou vers l'État dont l'auteur du crime est citoyen, et stipule que « Tout Etat partie rend ces infractions passibles de peines appropriées qui prennent en considération leur gravité. »[2]

4. Les stratégies antiterroristes internationales : une nécessité dans le monde contemporain

La résistance face à la menace terroriste, le renforcement de la coalition antiterroriste mondiale, ainsi que la création d'un système global de lutte contre les nouvelles menaces, fondé sur le droit international, constituent les priorités stratégiques de la politique étrangère de nombreux États. En entrant dans le

[1] Fidel Castro qui a survécu à 26 attentats, Charles de Gaulle - 15 attentats, Benito Mussolini - 4 attentats en 1926, Eduard Chevardnadze - 3 attentats, etc.
[2] Art. 2 et art. 6 de la Convention pour la prévention et la répression des infractions commises contre les personnes bénéficiant d'une protection internationale, y compris les agents diplomatiques, signée à New York le 14 décembre 1973.

nouveau millénaire, le monde a pris conscience que le terrorisme est un problème que nul pays, aussi puissant soit-il, ne pourra combattre seul.

Un nouvel élément central et crucial de la situation internationale actuelle est la prise de conscience de la cohésion, des liens mutuels et de l'interdépendance face aux menaces pesant sur la sécurité de l'humanité entière. Suite aux attentats terroristes du 11 septembre 2001 aux États-Unis, la majorité des dirigeants mondiaux se sont prononcés sur la nécessité de prendre des mesures communes contre le phénomène le plus dangereux et anormal de notre époque : le terrorisme. La création d'une législation appropriée, ainsi que la coordination effective des efforts des services spéciaux et des centres antiterroristes, sont devenues des questions de premier plan pour l'ensemble de la communauté internationale.

L'ampleur des actions du terrorisme international et leur caractère transnational coordonné soulignent sans équivoque la nécessité d'une coopération mondiale dans la lutte contre le terrorisme. Pour tout individu sensé, il est désormais évident que tout acte de terrorisme ou toute menace d'acte terroriste, quelle que soit la motivation, est un mal et constitue un crime qui doit être puni par le droit pénal.

Le système actuel de coopération multilatérale dans la lutte contre le terrorisme s'est principalement formé au cours des trente dernières années. Ce système peut être envisagé sous deux aspects : en tant que conséquence des dispositions des normes générales du droit international, d'où découle logiquement l'illégalité du terrorisme, et en tant qu'ensemble de principes et de règles fondés sur des accords internationaux spéciaux à caractère antiterroriste.

Au sommet de la hiérarchie du premier groupe de normes se trouve la Charte des Nations Unies, qui a interdit toute utilisation de la force ou menace de l'utiliser dans les relations internationales. Le second groupe de normes antiterroristes de nature juridique internationale commence avec les règles établies à l'échelle mondiale. Ce dernier a été mis en place par une série d'institutions spécialisées des Nations Unies (l'Organisation maritime internationale, l'Organisation de l'aviation civile internationale, l'Agence internationale de l'énergie atomique, entre autres), ainsi que par le biais de conventions et protocoles universels et régionaux concernant la lutte contre les diverses formes de terrorisme sur terre, sur mer et dans l'espace aérien.

Il convient de souligner que le droit international contemporain a progressivement élaboré, au moyen de conventions internationales de portée universelle et régionale, une base de critères spécifiques comme objet de réglementation pour établir une coopération mutuelle entre les États dans la lutte contre le terrorisme international.

En Europe et dans d'autres régions du monde, à la veille de la Seconde Guerre mondiale, le nombre d'attentats contre les dirigeants d'État et les leaders politiques qui soutenaient la lutte des puissances démocratiques contre le fascisme a augmenté. Le cours des événements a poussé la Société des Nations à se pencher plus en détail sur les problèmes de la lutte contre le terrorisme. L'assassinat, en 1934, du roi Alexandre Ier de Yougoslavie et du ministre français des Affaires étrangères, Louis Barthou, a conduit la Société des Nations à créer un comité spécial chargé d'élaborer une base législative internationale pour la coopération des États dans la lutte contre le terrorisme.

En conséquence, la Convention pour la création d'une Cour pénale internationale et la Convention sur la prévention et la répression du terrorisme ont été adoptées le 16 novembre 1937 à Genève, mais elles ne sont jamais entrées en vigueur. La dernière convention, signée par 24 États, fut le premier document juridique international consacré à la réglementation des relations entre les États dans le domaine de la lutte contre les actions terroristes internationales. Elle a joué et continue de jouer un rôle positif dans le processus de négociation pour la coopération juridique entre les États dans la lutte contre le terrorisme international.

La Convention se compose d'un préambule et de 29 articles qui définissent assez complètement l'objet de son champ d'application. Les articles 1 et 2 formulent la notion d'acte terroriste international en rapport avec l'objet et le sujet de cette infraction. Ainsi, par "actes terroristes", on entend « les actions criminelles dirigées contre l'État, ayant pour but ou caractéristique de semer la terreur parmi certaines personnes ou au sein de la population »[1].

Une série d'articles est consacrée à la résolution des problèmes liés à l'extradition des criminels ayant commis un acte terroriste de nature internationale. L'importance de l'institution de l'extradition des criminels dans le cadre de l'assistance juridique fournie par les États en matière pénale est déterminée à la fois par les intérêts nationaux des États, dans le but de prévenir les infractions pénales sur leur territoire, et par les intérêts de la coopération internationale dans la lutte contre les crimes internationaux représentant un danger pour l'ensemble de la communauté des États.

Le terrorisme international est l'une des infractions nécessitant une collaboration efficace en matière d'extradition. Lorsque l'extradition est impossible, la Convention exige la condamnation de l'auteur de l'infraction par le tribunal national de l'État sur le territoire duquel il a été arrêté. L'article 19 traite de l'obligation d'extrader le criminel ou de transmettre le dossier aux autorités compétentes de l'État afin de le traduire en justice. Ce principe est devenu une méthode efficace dans le cadre des conventions juridiques organisant la lutte contre le terrorisme international au niveau mondial.

La coopération bilatérale et multilatérale au niveau international, ainsi que l'analyse des dimensions tant internes qu'internationales de l'expansion du terrorisme, ont mis en évidence l'urgence et la nécessité pour la communauté internationale d'adopter une stratégie plus efficace pour lutter contre les actes terroristes visant la sécurité de l'aviation civile, compromettant directement la sécurité des passagers, des membres d'équipage ou, plus largement, les systèmes aériens nationaux et internationaux. Sous l'égide de l'OACI, plusieurs conventions internationales ont été adoptées pour lutter contre les cas de détournement d'avions, les atteintes à la vie des passagers et aux communications aériennes.[2]

---

[1] Article 1 de la Convention pour la prévention et la répression du terrorisme, signée le 16 novembre 1937.

[2] La Convention relative aux infractions et à certains actes commis à bord des aéronefs a été signée à Tokyo le 14 septembre 1963, la Convention pour la répression de la capture illicite d'aéronefs, signée à La Haye le 16 décembre

Les actes terroristes illégaux, contraires au droit international général, menacent la sécurité des personnes fournissant des services maritimes, navals ou des citoyens bénéficiant de ces services, par la prise de contrôle d'un navire, l'exercice du contrôle sur celui-ci, sa destruction ou le placement d'appareils pouvant causer sa destruction.[1] Ces crimes ou d'autres liés à la saisie de plates-formes fixes, leur destruction ou la perpétration d'autres actes de violence, relèvent des actions pénales selon une procédure conforme à la législation de l'État où le crime a été commis, ou de l'État de l'auteur du crime, où celui-ci doit être extradé.

L'ONU a adopté une série de mesures pour combattre le terrorisme, parmi lesquelles : la Convention pour l'interdiction des actions terroristes à la bombe, adoptée par l'Assemblée générale de l'ONU le 15 décembre 1997, la Convention sur la répression du financement du terrorisme, également adoptée par l'Assemblée générale de l'ONU le 9 décembre 1999, et la Convention pour la prévention et la répression des actes terroristes, signée à Washington le 2 février 1971.

Le Conseil de l'Europe a adopté la Convention européenne sur la répression du terrorisme, signée à Strasbourg le 27 janvier 1977, qui est entrée en vigueur le 4 août 1978 pour 26 États membres du Conseil de l'Europe. Les 3 et 4 mai 2005, il a adopté à Strasbourg la Convention sur le blanchiment, la détection, le gel et la confiscation des produits du crime et sur le financement du terrorisme ainsi que la Convention du Conseil de l'Europe pour la prévention du terrorisme, visant à renforcer la coopération dans la prévention du terrorisme, tant au niveau national qu'international. La Convention prévoit des modifications dans les accords en vigueur concernant l'extradition, l'assistance mutuelle et les moyens supplémentaires de lutte contre le terrorisme, ainsi que la

---

1970, la Convention pour la répression des Actes contre la sécurité de l'aviation civile, signés à Montréal le 23 septembre 1971, le 24 février 1998 à Montréal a été signé le Protocole pour la répression des actes illégaux de violence commis dans les aéroports servant à l'aviation civile internationale, la Convention internationale contre la prise des otages, du 17 décembre 1979.

[1] Article 3 de la Convention pour la répression des actes illicites contre la sécurité de la navigation maritime, signée à Rome le 10 mars 1988.

qualification d'infraction pénale pour certaines actions susceptibles de mener à des infractions terroristes, le recrutement de terroristes et leur formation. Elle contient des dispositions concernant la protection et la compensation matérielle des victimes d'actes terroristes et prévoit une procédure de consultations pour assurer la mise en œuvre de ce processus. [1]

D'autres actes similaires conclus entre les États au niveau mondial incluent : la Convention régionale de l'Association Sud-Africaine de Coopération Régionale sur la lutte contre le terrorisme, signée à Katmandou le 4 novembre 1987 ; la Convention arabe sur la lutte contre le terrorisme, signée au Caire le 22 avril 1988 ; la Convention de l'Organisation de la Conférence Islamique sur la lutte contre le terrorisme international, adoptée à Ouagadougou le 1er juillet 1999 ; la Convention de l'Organisation de l'Unité Africaine sur la prévention et la lutte contre le terrorisme, adoptée en Algérie le 14 juillet 1999.

Le sujet de la coopération internationale dans la lutte contre le terrorisme est inscrit à l'ordre du jour des Assemblées Générales de l'ONU depuis plus de 30 ans. Dans les résolutions adoptées, les États membres de l'ONU sont invités à adhérer aux conventions universelles, à prendre des mesures pour éradiquer les causes qui alimentent le terrorisme international par la résolution pacifique des conflits locaux et régionaux, à lutter fermement contre le trafic de drogue, qui alimente particulièrement le terrorisme et à prendre des mesures pour priver les terroristes de la possibilité de se réfugier dans n'importe quel État, qu'il soit ou non membre des accords internationaux.

Dans sa Résolution n° 1368 du 12 septembre 2001, le Conseil de Sécurité de l'ONU a qualifié les actes terroristes perpétrés aux États-Unis comme des actes d'agression armée directe, ce qui, conformément à l'article 51 de la Charte des Nations Unies, accorde le droit à la légitime défense individuelle et collective.

Conformément à la Résolution n° 1373 du 28 septembre 2001, l'ONU a créé un Comité Anti-Terrorisme, chargé de

[1] Art. 3-7, 9, 13, 19 de la Convention du Conseil de l'Europe pour la prévention des actes terroristes, signée les 3 et 4 mai 2005 à Strasbourg.

superviser le respect, par tous les États, des obligations de lutte contre le terrorisme.

Les résolutions de l'Assemblée Générale de l'ONU n° 1377 du 12 novembre 2001, n° 1450 du 13 décembre 2002, n° 1455 du 17 janvier 2003 et n° 1456 du 20 janvier 2003 reflètent clairement la volonté des États de contrer le terrorisme par des directives et des recommandations concrètes. Selon les dispositions de ces résolutions, les États s'engagent activement dans la prévention et la répression du financement des actes terroristes, le blocage des ressources financières et des actifs bancaires destinés à soutenir le terrorisme, ainsi que l'attribution d'autres moyens. La coopération multilatérale et l'échange d'informations opérationnelles, l'adhésion aux conventions et protocoles de lutte contre le terrorisme représentent des directives prioritaires.

Chapitre 5
La sécurité internationale : provocations et paradigmes théoriques

La spécificité de la nouvelle discipline des relations internationales a été définie comme une préoccupation pour la problématique de la guerre et, avec son développement, l'étude de l'utilisation de la force ou de la menace de la force entre les États est devenue une partie d'un ensemble beaucoup plus large, les courants théoriques majeurs cherchant à proposer une explication générale pour leur apparition.

Les définitions des affrontements armés entre acteurs souverains varient en fonction des courants mentionnés précédemment. Ainsi, pour les réalistes, la guerre est inévitable et causée par l'agressivité naturelle des États. Pour les libéraux, les guerres surviennent en raison du sous-développement des mécanismes démocratiques ou à cause de malentendus ; elles peuvent être évitées grâce au développement d'institutions spécifiques. Quant aux marxistes, la principale raison pour laquelle les États recourent à la violence est le capitalisme et la concurrence entre les États capitalistes.[1] Bien que dans la Charte des Nations Unies, les termes de paix et de sécurité soient traités ensemble, leurs significations diffèrent : la paix peut être caractérisée comme l'absence de conflit armé, tandis que la sécurité est définie par l'absence de menaces.

1. La sécurité nationale dans le contexte mondial : coopération et conflits

Le concept de sécurité nationale est parfois utilisé pour justifier des agressions extérieures ou la répression de l'opposition au sein d'un État. Les notions qui peuvent être associées à celle de sécurité nationale incluent le risque, la menace, le danger et la vulnérabilité.

Les menaces à la sécurité nationale représentent les capacités d'adversaires qui peuvent exploiter des vulnérabilités. Ces

[1] Andrei Miroiu, Radu Sebastian Ungureanu, op. cit., p. 179.

menaces peuvent être internes – comme les guerres civiles, les sécessions, les rébellions, les coups d'État, etc. – ou externes, menaçant le régime de gouvernement, les ressources naturelles ou énergétiques d'un État, l'intégrité territoriale, le contrôle de zones stratégiques, etc.

Afin de renforcer et de défendre la sécurité nationale, les États doivent réduire leurs vulnérabilités face aux facteurs internes ou externes mentionnés. La sécurité nationale est assurée lorsqu'un État est en mesure de maintenir ses intérêts nationaux en toutes circonstances, même en temps de guerre.[1] Jusqu'à la Seconde Guerre mondiale, le terme de sécurité était associé à celui de défense, avec une connotation militaire. À partir de 1945, les stratèges américains ont distingué le terme de sécurité de celui de défense nationale, distinction reprise dans la Loi sur la sécurité nationale des États-Unis en 1947.[2]

Certains auteurs ont défini la sécurité nationale dans un sens large, englobant « à la fois la protection des valeurs de l'État et des intérêts politico-économiques susceptibles de menacer les valeurs fondamentales et la vitalité de l'État »[3]. D'autres auteurs la définissent comme la capacité à contrôler les conditions internes et externes jugées nécessaires par l'opinion publique d'une communauté pour garantir son autonomie, sa prospérité et son bien-être.

Ainsi, il convient de considérer l'évolution de la notion de sécurité nationale, passant de la protection et de la préservation des valeurs matérielles et constitutionnelles d'un État à la protection des secteurs économiques, de l'environnement, de la sécurité sociale et de la qualité de vie de la population. Ces aspects relèvent de la politique intérieure, où le domaine économique est devenu prioritaire, même avant le secteur militaire.

---

[1] Sécurité nationale = capacité d'une nation à protéger ses valeurs internes face aux menaces extérieures (*International Encyclopedia of the Social Sciences*, 1968).

[2] J.J. Romm, *Defining National Security – The Nonmilitary Aspects*, New York, Council on Foreign Relations, 1993.

[3] A. Jordan et W. Taylor, *American National Security - Policy and Process*, 1981.

Pour assurer la protection de la sécurité nationale, les États se tournent vers la coopération par interdépendance avec d'autres États, luttant en faveur d'une sécurité collective. Ils utilisent des réglementations internationales et des moyens diplomatiques pour créer des alliances et des coalitions, telles que la Société des Nations, l'ONU, l'OTAN, etc.

2. La sécurité nationale et la politique étrangère : une relation dynamique

La politique étrangère des États se réfère aux objectifs poursuivis par les États-nations ainsi qu'aux instruments de nature politique, diplomatique, économique et militaire qu'ils engagent pour réaliser ces objectifs. Les États ont des intérêts variés à différents moments dans les relations internationales, c'est pourquoi les modalités de réalisation de ces intérêts sont également diverses. Les moyens utilisés sont déterminés tant par des facteurs géopolitiques que par d'autres facteurs subjectifs et psychologiques qui conduisent à une stratégie élaborée ou réactive. Certains États adoptent une attitude dynamique, créative et imaginative sur la scène internationale, tandis que d'autres préfèrent simplement réagir aux impulsions de l'arène internationale.

La position d'un État par rapport à d'autres États peut être d'alignement – formel ou informel en vue de constituer une alliance, de neutralité ou de non-alignement. Selon certains auteurs, les États modernes partagent quatre objectifs communs : la sécurité nationale, l'autonomie, le bien-être de l'État et de ses citoyens, ainsi que le statut et le prestige de l'État. Les formes d'opération des États dans leur politique étrangère consistent à rechercher des intérêts et des solutions communes dans des relations globales ou régionales, ou dans des relations bilatérales.

Un État peut adopter une attitude active, impliquant à la fois l'initiation d'actions et le rejet des actions initiées par d'autres, l'expression de sa volonté propre et l'utilisation de la force ou d'autres formes d'interventionnisme si nécessaire, dans le but de poursuivre l'intérêt national.

Les objectifs fondamentaux des États incluent l'intérêt de la sécurité nationale, c'est-à-dire la protection de la vie de la population et la défense de la souveraineté, de l'intégrité territoriale, ainsi que la protection de leur système étatique, économique et politique contre les pressions extérieures. Toutefois, dans la poursuite de ces objectifs fondamentaux, les États peuvent établir des objectifs à moyen ou court terme, nécessitant des efforts et des dépenses considérables pour résoudre des situations politiques, économiques ou idéologiques ponctuelles.

Le concept d'intérêt national, souvent utilisé pour justifier les actions des États, a diverses acceptions. Pour les partisans de la théorie du réalisme, l'intérêt de l'État représente le principe même d'action de l'État dans le système international, tandis que pour les libéraux et les constructivistes, l'intérêt national n'est pas seulement défini par rapport au système international, mais également en fonction des caractéristiques de la société, du type de régime politique et de la culture.[1]

Dans ce chapitre, nous allons définir la sécurité à travers le prisme des relations internationales, en partant de l'idée que la sécurité, au sens objectif, mesure l'absence de menaces envers les valeurs acquises, tandis qu'au sens subjectif, elle désigne l'absence de peur que ces valeurs soient attaquées.[2] Les théoriciens réalistes partent du principe que l'objectif fondamental de tout État est sa propre survie et que les États peuvent chercher à réaliser d'autres objectifs tels que la tranquillité, le bénéfice ou le pouvoir, uniquement si leur survie est assurée.[3] La sécurité garantit donc la pérennité de l'existence de l'État par l'absence de menaces envers ses valeurs et ses intérêts, mais elle est également définie comme la capacité de l'État à défendre ces valeurs et intérêts en cas de danger.

Dans le système interne, il existe une autorité légitime qui peut imposer l'ordre, et l'État se préoccupe de la sécurité des individus, pouvant ainsi empêcher ou punir l'usage non autorisé de la force contre les citoyens. En revanche, dans le système international, les acteurs dotés de souveraineté poursuivent leurs

---

[1] J.S. Nye, *Understanding International Conflicts*, 4th edition, New York, Editura Pearson, 2003.

[2] Arnold Wolfers, *National Security as an Ambiguous Symbol*, Political Science Quarterly, 1952, p. 485.

[3] Kenneth N. Waltz, op. cit., 1979, p. 126.

propres objectifs, et les interactions entre eux peuvent conduire à des conflits dans la quête de leurs intérêts. Ainsi, l'État doit se préparer à défendre ou à imposer, par la force si nécessaire, ses propres valeurs ou intérêts.

Traditionnellement, la sécurité est principalement abordée en termes militaires, mais les questions de sécurité nationale doivent également être soigneusement examinées d'un point de vue politique[1], d'autant plus que les décisions les plus importantes dans le domaine des relations extérieures sont prises par les décideurs politiques et que la manière dont les intérêts et les menaces sont identifiés détermine également la politique de l'État concerné.

La notion de sécurité a été principalement abordée sous un angle militaire, car les États, face à d'éventuelles menaces, ont cherché à se doter d'instruments militaires adéquats, que ce soit par l'armement ou la re-technologisation de leur arsenal. Cependant, ces actions ont été perçues comme des menaces par d'autres États, qui ont alors adopté des mesures similaires, entraînant ainsi une spirale de réarmement. Ce phénomène est fondé sur la nature anarchique du système et sur la méfiance entre les acteurs.[2].

Ainsi, les tentatives visant à garantir la sécurité d'un État engendrent un état d'insécurité pour d'autres acteurs, qui à leur tour recherchent leur propre sécurité. La quête individuelle de sécurité conduit en fait à une augmentation de l'insécurité dans le système.[3] Les États ne peuvent pas compter sur les bonnes intentions des autres États, compte tenu de l'environnement compétitif et anarchique, mais ils peuvent tenter d'équilibrer la montée en puissance d'un concurrent en attirant des alliés — un mécanisme défini par les théoriciens comme l'équilibre des puissances.

La sécurité internationale indique initialement une situation non conflictuelle entre les États, surtout entre les grandes

---

[1] Barry Buzan, « Is International Security possible ? », in Ken Booth (ed.), *New Thinking about Strategy and International Security*, Harper Collins Academic, Londres, 1191, p. 34.

[2] Andrei Miroiu, Radu Sebastian Ungureanu, op. cit., p. 183.

[3] Pour plus de détails voir aussi John Herts, *Idealist Internationalism and the Security Dilema*, World Politics, 1950.

puissances. Cependant, étant donné la nature et les intérêts des grandes puissances visant à étendre leur hégémonie sur l'ensemble du système international, cela peut générer à un moment donné un conflit. Une éventuelle guerre entre grandes puissances pourrait avoir des conséquences graves sur l'ensemble des relations internationales et pour d'autres acteurs impliqués dans un éventuel conflit armé. Un tel exemple a été la compétition bipolaire pendant la guerre froide, qui, par sa composante nucléaire, a ajouté une dimension dramatique aux études de sécurité, montrant qu'un conflit nucléaire potentiel, comme celui entre les États-Unis et l'Union soviétique à l'époque, affecterait directement d'autres États.

Au départ, la sécurité nationale était comprise comme la somme des sécurités de tous les États du système. Cependant, les chercheurs s'étant penchés sur la stabilité du système dans son ensemble ont démontré qu'il fallait tenir compte non seulement des grandes puissances qui polarisent le système international, mais aussi de la perspective que chaque État peut avoir en cas de conflit armé. La fin de la guerre froide a montré que, comme mentionné, la cessation de l'affrontement bipolaire a conduit à l'élimination du danger nucléaire. Cependant, le monde n'est pas devenu plus sûr pour autant. D'autres événements dramatiques sont apparus sur la scène internationale, par exemple en Europe, l'effondrement des régimes communistes, l'effondrement de l'État soviétique ou la tragédie yougoslave ont créé des situations dramatiques sur la scène internationale.

Selon la nature des menaces, la sécurité nationale peut être affectée sur cinq plans : militaire, politique, économique, sociétal ou écologique.[1] Les menaces dans le secteur militaire ont constitué la principale préoccupation en matière de sécurité d'un État en raison du potentiel destructeur de la violence armée, qui pourrait avoir des effets dévastateurs, comme des amputations territoriales ou des changements de régime politique jusqu'à la disparition de l'État de la carte. Cependant, l'organisation

---

[1] Barry Buzan, *Popoarele, Statele și teama. O agendă pentru studii de securitate internațională în epoca de după Războiul Rece*, Editura Cartier, Chișinău, 2000, pp. 1, 2, 4-141.

politique interne et les principes qui la sous-tendent peuvent également faire l'objet de préoccupations en matière de sécurité.

Des sociétés dominées par des disparités idéologiques et des institutions politiques à légitimité controversée ont souvent été affectées par des crises ayant conduit à l'affaiblissement du régime d'État ou même de l'État lui-même, ces situations produisant des conséquences sur la scène internationale et générant de l'instabilité. Les menaces à la stabilité économique d'un État ou d'une région peuvent également devenir une menace pour la sécurité. La grande crise économique de 1929-1933 a entraîné une récession mondiale, ce qui a conduit, dans certains pays, à des régimes non démocratiques. Par exemple, en Allemagne, Hitler a réussi à prendre le pouvoir à la suite d'un discours anti-libéral, bien accueilli par la population touchée par la crise économique.

Les menaces dans le secteur sociétal concernent l'affectation de l'identité d'une communauté, qui peut avoir une nature éthique, religieuse, linguistique, raciale, culturelle, etc. L'élément définissant d'une communauté est le sentiment d'appartenance des individus à cette communauté sociale. Les menaces majeures mettant en danger l'existence de cette communauté sont : la migration, lorsque qu'un nombre significatif d'étrangers s'installe sur le territoire d'un État, modifiant la composition de la population ; la compétition horizontale exercée par un peuple voisin, surtout au niveau culturel ; la compétition verticale — la pression d'un projet d'intégration ou de sécession ; et le peuplement nécessaire à la suite de catastrophes humanitaires, naturelles, de guerres ou de politiques d'extermination. L'environnement peut également être la cible de menaces spécifiques, parmi lesquelles : le changement de certains écosystèmes, la pollution, les catastrophes naturelles ou celles provoquées involontairement par l'intervention humaine. Toutes ces menaces se révèlent dangereuses pour les êtres humains et pour l'ensemble de la biosphère, ce qui entraîne la nécessité d'actions de plus en plus urgentes pour gérer ces catastrophes naturelles et pour un développement durable permettant la conservation de l'environnement.

L'histoire a démontré qu'il existe certaines circonstances qui peuvent favoriser fréquemment l'apparition de conflits. Par exemple, la présence de voisins historiquement expansionnistes et puissants, qui ne peuvent pas compter sur des frontières faciles à défendre, illustre bien cette problématique, comme le cas de la Pologne entre la Russie et l'Allemagne, des Pays-Bas ou encore du Bangladesh.

Une autre situation susceptible de représenter une menace pour la sécurité est l'existence de différences idéologiques parfois imposées par la force ou par des atteintes à la souveraineté nationale, comme cela a été le cas avec l'Union soviétique. Une situation de crise peut générer une autre crise de nature différente et de plus grande ampleur ; ses effets peuvent entraîner une crise dans d'autres secteurs (par exemple, une crise sociale peut engendrer une crise politique). De même, les tentatives d'élimination d'une crise peuvent provoquer une crise dans d'autres domaines (comme l'illustrent les efforts pour relancer l'économie, qui peuvent aboutir à de véritables bombes), par exemple, le refus des États-Unis de ratifier le protocole de Kyoto, une convention-cadre des Nations Unies sur les changements climatiques, signée en 1997 et entrée en vigueur en 2005, qui visait à limiter les émissions de gaz polluants.

Les menaces dans différents secteurs ne se limitent pas à un niveau régional ni à un domaine spécifique ; elles se généralisent et se renforcent mutuellement. Par exemple, le conflit au Moyen-Orient ne se limite pas à l'existence de l'État palestinien ou à la sécurité militaire israélienne, qui a pris de nouvelles dimensions préoccupantes à travers des problèmes tels que ceux des réfugiés, du terrorisme, des infrastructures et de l'économie des États de la région, ainsi que l'accès aux ressources en eau, quasi limité au Jourdain.

Le phénomène de la mondialisation, engendré par la perméabilité croissante des frontières et l'augmentation des possibilités de communication et de circulation des capitaux, des marchandises, des services et des personnes, a également élargi l'éventail des menaces pouvant affecter la société internationale. Ainsi, les problèmes d'ordre écologique, de criminalité internationale, d'émigration ou de terrorisme sont devenus des menaces non traditionnelles à la sécurité internationale.

Ces phénomènes transfrontaliers ont conduit à la nécessité d'une coopération beaucoup plus étroite entre les États à tous les niveaux, car les menaces non traditionnelles proviennent de facteurs ou d'acteurs de nature sous-étatique qui ne peuvent pas être gérés par des moyens militaires.[1]

Les attentats du 11 septembre 2001 ont également mis en évidence cette réalité en attirant l'attention sur la multiplication des acteurs sur la scène de la sécurité internationale. Non seulement les États peuvent menacer ou être menacés, mais aussi des individus, des groupes infranationaux ou transnationaux, comme les groupes terroristes, qui se sont retrouvés dans une situation similaire.

Cette évolution souligne l'importance d'une approche collaborative et multidimensionnelle face à la sécurité, intégrant des stratégies de prévention et de réponse adaptées à la complexité des menaces contemporaines.

3. Le droit de la sécurité internationale : une approche multidimensionnelle

La notion de sécurité revêt des significations complexes. Elle représente un état de sûreté caractérisé par l'absence de guerre et de menaces de guerre, un idéal que l'humanité aspire à réaliser en permanence.

L'armement moderne rend impossible la victoire absolue d'un État dans une guerre sans qu'il subisse des pertes humaines et matérielles. Il est désormais clair que la sécurité d'un État ne peut être assurée uniquement par ses propres moyens et qu'une coopération entre les États est nécessaire, principalement à travers des moyens diplomatiques, ainsi qu'en s'associant pour prévenir l'émergence de tensions et de conflits armés.

La sécurité internationale est conçue comme un processus politique multilatéral, dont le contenu comprend la coopération des États pour prévenir le danger de guerre et maintenir la paix dans le monde. En tant qu'état des relations internationales, la sécurité internationale signifie l'absence de menaces au bon

---

[1] Terry Terriff, Stuart Croft, Lucy James, Patrick M. Morgan, *Security Studies Today*, Polity Press, 1999, Cambridge, p. 135.

fonctionnement, à l'intégrité territoriale, à la souveraineté et à l'indépendance des systèmes politico-économiques existants des pays.

Le droit à la sécurité internationale, au sens large, représente l'ensemble des principes et normes unanimement acceptés et spécifiques, visant à soutenir la paix et la sécurité internationales, à contrer les actes d'agression et à garantir la sécurité politique, militaire, économique, écologique, alimentaire et informationnelle des États, ainsi que la stabilité politique, économique et sociale dans le monde. Au sens plus restreint, il désigne l'ensemble des principes et normes visant à garantir la sécurité politico-militaire des États, à prévenir le déclenchement de guerres et à contrer les actes d'agression.

Comme toute branche du droit international, le droit à la sécurité internationale repose sur les principes généraux du droit international contemporain. Les bases juridiques de ce droit incluent des principes fondamentaux tels que le principe de non-recours à la force ou à la menace de la force, le principe de règlement pacifique des conflits internationaux, la non-intervention dans les affaires intérieures des États, la coopération, la protection de l'environnement et le désarmement. Parmi les principes spécifiques, on trouve le principe de l'indivisibilité de la sécurité internationale et le principe de non-nuisance à la sécurité des États.

Tous ces moyens, dans une certaine mesure, revêtent un caractère international de droit, car ils doivent être régis par des accords et appliqués sur la base des principes et normes en vigueur du droit international, tout en permettant, en cas de nécessité, l'établissement de principes et normes supplémentaires.

L'accroissement de la responsabilité des États pour le respect strict des principes énoncés peut être réalisé par plusieurs voies. L'une d'entre elles consiste à établir, dans la législation nationale, des engagements découlant des principes de non-recours à la force et de règlement pacifique des conflits. Une autre voie est la confirmation de ces engagements par des accords bilatéraux, régionaux et universels, avec leur concrétisation et développement ultérieurs.

Quelles que soient les méthodes et moyens de droit international utilisés dans la pratique des relations internationales, ils doivent avoir pour but d'assurer une sécurité égale pour tous les États.

La sécurité internationale peut être interprétée comme un état des relations internationales, dans lequel sont créées les conditions nécessaires à l'existence et au fonctionnement des États, à l'assurance de leur pleine souveraineté, de leur indépendance politique et économique, de leur capacité à riposter aux pressions militaro-politiques et à l'agression, ainsi que les conditions nécessaires à l'existence de relations d'égalité avec d'autres États.

À l'aube du XXIe siècle, les réalités fondamentales en matière de sécurité internationale et de relations interétatiques se sont clairement définies, parmi lesquelles on peut notamment citer les éléments suivants :

1. *La lutte idéologique ne peut pas servir de base aux relations interétatiques pacifiques.* La confrontation entre les blocs militaires et la recherche d'ennemis externes ont été remplacées par la désidéologisation des relations interétatiques, le partenariat et la reconnaissance des valeurs universelles au-dessus des intérêts nationaux étroits.

2. *La guerre nucléaire ne peut pas être un moyen d'atteindre des objectifs politiques, économique, ou autres.* La guerre nucléaire est une forme de suicide pour la civilisation terrestre, car il n'y a pas de vainqueurs dans un tel conflit. Néanmoins, les armes nucléaires, qui ont servi de facteur de dissuasion pendant des décennies dans la confrontation militaire et politique entre l'Ouest et l'Est, continueront à jouer ce rôle de dissuasion pour tout agresseur potentiel, à l'exception du terrorisme.

3. *La sécurité internationale a un caractère universel.* Elle inclut des aspects économiques, politiques, militaires, écologiques, humanitaires et informationnels, qui sont interconnectés et interdépendants. La sécurité militaire et politique des États, auparavant prédominante, a été complétée par la sécurité économique, écologique, alimentaire et informationnelle. De nouveaux problèmes mondiaux, tels que ceux écologiques et alimentaires, nécessitent la coopération de

tous les pays. Cela nous permet de parler de l'émergence d'un système de sécurité internationale global.

4. *L'indivisibilité de la sécurité internationale.* Il est inadmissible de renforcer la sécurité d'un État au détriment de celle d'un autre. La course aux armements ne peut être tolérée. Garantir la sécurité internationale et créer des conditions qui excluent les violations de la paix sont devenues des composantes de l'intérêt national de la plupart des États membres de la communauté mondiale.

Ces réalités contemporaines, ainsi que d'autres facteurs, montrent le caractère multilatéral et universel de la sécurité internationale, et soulignent le lien indissoluble entre la sécurité de chaque État et celle de l'ensemble de la communauté internationale.

Un lieu particulier dans le cadre des sources du droit de la sécurité internationale est occupé par les accords bilatéraux et multilatéraux interconnectés. Ces accords peuvent être classés en quatre catégories principales : les traités qui limitent l'expansion géographique des armements[1] - ces accords cherchent à encadrer le déploiement d'armements dans certaines zones géographiques pour éviter une course aux armements régionale ; les accords qui restreignent la prolifération des armements - cela inclut des engagements quantitatifs et qualitatifs[2] visant à contrôler le développement et la distribution des armements ; les accords interdisant la production de certains types d'armement[3] - ces accords stipulent des interdictions spécifiques et prévoient des procédures pour la destruction des armements prohibés ; les traités visant à éliminer le risque de déclenchement accidentel d'une guerre nucléaire - ces accords sont conçus pour prévenir

---

[1] Traité sur l'Antarctique (1959), Traité de non-prolifération nucléaire (1968), Traité sur la zone exempte d'armes nucléaires du Pacifique Sud (1985).

[2] Traité sur l'interdiction des essais d'armes nucléaires dans l'atmosphère, dans l'espace extra-atmosphérique et sous l'eau (1963), Traité sur l'interdiction totale des essais d'armes nucléaires (1966), Accord entre la Fédération de Russie et les États-Unis. sur la poursuite de la réduction et de la limitation des armements stratégiques offensifs (1993).

[3] La Convention sur l'interdiction de la mise au point, de la fabrication, du stockage et de l'emploi des armes chimiques et de leur destruction (1993), l'accord entre l'U.R.S.S. et les États-Unis sur la liquidation des missiles à courte et moyenne portée (1987).

toute escalade non intentionnelle qui pourrait conduire à un conflit nucléaire[1].

Le droit de la sécurité internationale comprend plusieurs moyens concrets pour garantir la sécurité internationale, qui constituent un ensemble de méthodes principalement juridiques. Ces méthodes visent à maintenir la paix, à prévenir les conflits armés et à encourager le désarmement, tant partiel que total, en étant mises en œuvre par les États, que ce soit individuellement ou collectivement. Le droit international a été établi pour résoudre des problèmes liés à l'élimination du danger de la guerre, ainsi qu'à l'interdiction des guerres agressives et à la préservation de la paix et de la sécurité mondiales. Ainsi, une paix et une sécurité internationales réelles et durables ne peuvent être établies qu'en appliquant efficacement un système de sécurité capable de fournir une protection contre toute agression, tout acte de force ou toute autre menace, sous un contrôle international efficace.

4. L'évolution du système de sécurité internationale : de la paix de Westphalie aux défis contemporains

Le concept de sécurité internationale apparaît vers la fin du Moyen Âge. Les politiciens et philosophes de cette époque ont commencé à réfléchir plus systématiquement aux moyens de consolider les bases d'une paix durable. Progressivement, ils ont reconnu la nécessité d'établir le droit international, liant les préoccupations en matière de sécurité à l'idée de force, c'est-à-dire la mobilisation d'une puissance militaire suffisante pour dissuader tout agresseur potentiel et repousser un acte d'agression.

Établi en 1648 à la suite de la paix de Westphalie, qui mit fin à une guerre sanglante de trente ans, le système international de sécurité est considéré comme un système d'équilibre des pouvoirs. Initialement, ce système se limitait au continent européen. Grâce à lui, le continent a connu une période de relative stabilité durant environ trois siècles, de 1648 à 1914. Le

[1] L'accord concernant le rapport direct entre l'U.R.S.S. et les États-Unis (1963, 1971) et autres.

système d'équilibre des pouvoirs se caractérisait par le fait que lorsqu'un État tentait d'accroître unilatéralement sa puissance, les autres s'efforçaient de l'arrêter. L'idée était de constituer des alliances de manière à ce que le plus fort puisse être vaincu par les forces combinées des alliés plus faibles.

Le processus de déclin de l'absolutisme monarchique et de formation des États nationaux a été accompagné par la création d'alliances militaires pour garantir l'équilibre des forces entre les États. Cependant, les effets néfastes de ces tentatives d'équilibre ont conduit inévitablement à l'éclatement de nouveaux conflits. Parallèlement, de nouvelles approches concernant les moyens de garantir la sécurité internationale ont émergé, tant pendant l'entre-deux-guerres que dans l'après-guerre.

La politique des blocs militaires durant l'entre-deux-guerres a, en réalité, sapé la sécurité internationale. Après la guerre, le système de sécurité internationale reposait sur l'intimidation et la dissuasion de l'adversaire par la menace d'armement nucléaire. La sécurité internationale était garantie tant qu'il y avait parité entre les deux blocs adverses, c'est-à-dire entre les deux superpuissances concurrentes, ce qui a effectivement stimulé la course aux armements.

La sécurité est examinée comme un phénomène relevant de la responsabilité de l'ensemble de la communauté mondiale, des différentes unions et organisations, de l'État dans son intégralité et, en conséquence, de tous les citoyens de cet État. En d'autres termes, la sécurité est le résultat conjugué des efforts des citoyens, des organes d'administration et de direction locaux et centraux, ainsi que des institutions et organisations, utilisant toutes les ressources disponibles de l'État et de la communauté mondiale.

Pour une étude plus approfondie de l'essence du concept de sécurité, il est utile de différencier plusieurs niveaux. En effet, dans diverses conditions politiques, économiques ou militaires, tant sur le plan national qu'international, une évaluation appropriée du niveau de danger est nécessaire pour prendre des décisions opérationnelles pertinentes.

Ainsi, le premier niveau, considéré comme fondamental, est la *sécurité nationale*, qui concerne la garantie de l'intégrité territoriale et de l'indépendance de l'État, ainsi que la création de conditions internes propices au développement prospère de la société et des citoyens.

Le deuxième niveau est la *sécurité régionale*, qui implique la création de conditions au sein d'un ensemble d'États ou d'un espace géographique spécifique, garantissant la coexistence pacifique des acteurs concernés, l'équilibre des intérêts nationaux et des forces d'influence externes, tout en permettant à chaque acteur de réaliser ses propres stratégies de sécurité sans nuire aux intérêts des autres. En effet, la sécurité régionale ne peut être garantie que par l'assurance de la sécurité de chaque acteur individuellement.

Le troisième niveau concerne la *sécurité globale*, c'est-à-dire l'établissement de conditions équitables et mutuellement acceptables pour tous les membres de la communauté internationale, en excluant les risques et menaces d'ordre global, tels que le danger nucléaire, écologique, ou l'utilisation irrationnelle des ressources naturelles.

Il devient de plus en plus clair qu'il ne peut exister de sécurité internationale sans assurer la sécurité des régions et sans la sécurité nationale de chaque État. En général, la sécurité internationale représente l'organisation des relations internationales de manière à ce que tous les États du monde se sentent à l'abri de toute agression, de tout acte de force ou de menace, tout en ayant la conviction de bénéficier de la protection collective des autres États. La sécurité internationale nécessite la participation de chaque État, sur un pied d'égalité, à la résolution des problèmes majeurs et à l'établissement d'un système démocratique de relations interétatiques entre les peuples.

Le système de sécurité internationale peut être réalisé sur la base d'un accord auquel participent, sans discrimination, tous les États intéressés et qui comprendrait plusieurs clauses concernant la résolution des problèmes litigieux uniquement par des moyens pacifiques – à travers des négociations, des services, de la médiation, de la conciliation, de l'arbitrage, des consultations et des échanges d'informations sur des sujets d'intérêt mutuel.[1]

[1] I. Cloşca, *Dicţionar de drept internaţional public*, Bucureşti, Editura Ştiinţifică şi enciclopedică, 1982, pp. 267, 268.

Le système actuel visant à assurer la paix générale et la sécurité internationale comprend plusieurs orientations principales analysées ci-après.

5. La sécurité au XXIe siècle : interdépendance, mondialisation et défis émergents

Selon certaines évaluations concernant le concept de sécurité, qu'elle soit internationale ou nationale, il est considéré qu'au cours de la guerre froide, les aspects militaires prédominaient, tandis qu'après la fin de cette période, d'autres aspects de la sécurité, tels que les dimensions économiques, écologiques et démographiques, ont pris de l'importance.

Nous pensons que le concept de sécurité était déjà suffisamment polyvalent durant la guerre froide, sans se limiter uniquement aux aspects militaires. Par exemple, la politique du Japon au début des années 80 était fondée sur une doctrine d'assurance complexe de la sécurité nationale, composée de trois blocs : défense, politique et économique. Dans cette conception, la sécurité revêtait un caractère global, composé d'environ dix aspects différents, même si le militaire restait le plus important.

Après la fin de la guerre froide, l'aspect militaire a continué d'être prioritaire dans la garantie de la sécurité nationale et internationale. Il suffit de comparer les volumes de financement des besoins de sécurité de tout pays influent pour constater que les dépenses de défense représentent les sommes les plus importantes. En d'autres termes, jusqu'à présent, le facteur militaire n'a pas perdu de son poids dans la politique mondiale et son importance n'a pas diminué de manière significative, surtout avec l'émergence de nouveaux États dans la course à l'armement nucléaire, comme l'Iran et la Corée du Nord.

Actuellement, le monde est en transition vers un nouvel ordre multipolaire. Ce nouvel ordre sera basé sur un équilibre instable de nouvelles associations autour de puissances régionales émergentes. Comme dans toutes les périodes de changement, ce processus sera accompagné d'une période d'instabilité et de réorganisation géopolitique, ainsi que d'une renaissance de la compétition pour la domination, même si celle-ci sera moins "territorialisée" comparativement aux époques précédentes.

Dans la perspective du politologue américain Henry Kissinger, le système international du XXIe siècle semble se dessiner autour d'au moins six centres essentiels de pouvoir : les États-Unis, l'Europe, la Chine, le Japon, la Russie et l'Inde, représentant cinq civilisations différentes, dont l'interaction déterminera en grande partie le contenu des relations internationales.

En entrant dans le XXIe siècle, la communauté mondiale a dû faire face à la transformation du monde bipolaire, fondé sur la rivalité idéologique et la confrontation militaire. À sa place émerge une nouvelle architecture multipolaire. Chaque année, les contours de cet ordre nouveau prennent une configuration de plus en plus claire, même si le processus de constitution, ponctué de difficultés et de contradictions, est loin d'être achevé, et la pérennité de ce nouvel ordre continue d'être soumise à de sérieuses épreuves. Le monde résiste encore aux conséquences de la période post-guerre froide, une période relativement chaotique et dangereuse. Stratégiquement, le monde était récemment caractérisé par l'existence de deux grandes puissances nucléaires, les États-Unis et l'URSS, ainsi que par un système d'alliances en rapport avec elles.

D'un point de vue historique, le monde multipolaire n'a pas d'alternative. Il est clair que seule la conjugaison des efforts et, si nécessaire, la distribution des rôles entre plusieurs pôles en développement dynamique de la communauté mondiale créera des conditions optimales pour un développement durable et pour la stabilité et la sécurité globales.

La tendance la plus marquée à l'étape actuelle, qui déterminera l'évolution de la communauté mondiale dans un avenir proche, est la mondialisation. Par ce terme, de plus en plus utilisé ces derniers temps, nous entendons l'interdépendance croissante des États et des institutions internationales dans la recherche de solutions aux graves problèmes qui touchent les intérêts de l'ensemble de la communauté mondiale, menaçant ainsi sa sécurité.

Il est désormais une vérité acceptée que la sécurité d'un État dépend de la stabilité internationale et que nous sommes tous exposés aux mêmes risques et défis. L'aspect global des menaces non conventionnelles à la sécurité entraîne une mondialisation du processus de sensibilisation des États démocratiques à la nécessité d'une coopération réelle et durable pour lutter contre d'autres phénomènes transnationaux considérés comme de nouveaux risques pour la sécurité.

Avec la dissolution de l'URSS, le monde est entré dans une ère de changements démographiques et de crise dans le monde musulman, qui compte un milliard deux cents millions d'habitants, en quête de réconciliation avec la modernité.

Chapitre 6
Des constructions de sécurité : l'architecture de la coopération internationale

1. La dynamique de la balance des pouvoirs : évolutions et implications

La balance des pouvoirs représente l'un des concepts fondamentaux et les plus anciens des relations internationales, certains auteurs considérant qu'elle est apparue avant même l'existence d'un véritable système international. L'historien Thucydide pensait qu'il existait une balance des pouvoirs entre les cités-États de la Grèce antique. Cependant, les auteurs modernes ont deux perspectives sur l'apparition de ce concept. La première, défendue par Alfred Vagts, affirme que la balance des pouvoirs, en tant qu'équilibre, est profondément naturelle et fait partie intégrante du comportement humain.[1] Par conséquent, son apparition dans les comportements des relations internationales n'est pas surprenante. La balance des pouvoirs est un instrument des relations internationales qui fonctionne au niveau interétatique et non à l'intérieur d'un État unitaire, et elle est exclusivement utilisée par les acteurs internationaux dans leurs relations mutuelles.

La seconde perspective est celle d'Ernest B. Haas, qui voit la balance des pouvoirs comme un outil des relations internationales, mais une réalité intrinsèque qui est apparue dans un contexte sous-systémique.[2] Tous les auteurs conviennent que la balance des pouvoirs est un concept à significations multiples, comportant trois dimensions : descriptive, normative et actionnelle.

La balance des pouvoirs désigne une situation où aucune puissance n'est prépondérante et ne peut imposer ses lois aux

---

[1] Alfred Vagts, *The Balance of Power : Growth of an Idea*, World Politics, 1948, pp. 82-101.

[2] Ernest B. Haas, *The Balance of Power : Prescription, Concept, or Propaganda*, World Politics, 1953, pp. 442-477.

autres.[1] Sous cet angle, la balance des pouvoirs est un état de fait qui renvoie à une distribution uniforme de la puissance dans le système, assurant une égalité relative entre les grandes puissances. Cette distribution ne signifie pas une répartition égale entre les pôles, mais plutôt une situation de paix où aucun des pôles ne s'engage dans un conflit. Actuellement, cette situation se manifeste dans le sous-système européen, où des États comme le Royaume-Uni, la France, l'Italie, l'Allemagne et l'Espagne entretiennent une balance des pouvoirs considérée comme équilibrée, bien que ces États n'aient pas des capacités identiques.

En matière d'équilibre, la balance des pouvoirs représente un principe de désirabilité d'une distribution équitable de la puissance, ce qui en fait un concept dynamique. Aucune balance de pouvoir n'est permanente, car les situations des États évoluent et la puissance est continuellement redistribuée. Ainsi, la balance des pouvoirs est en constante adaptation à la nouvelle structure de pouvoir. Elle signifie donc plus qu'une simple égalité ; elle représente la distribution de pouvoir à un moment donné, où certaines configurations favorisent un pôle et d'autres favorisent un autre pôle, engendrant insatisfaction et tensions qui peuvent conduire à l'émergence d'États révisionnistes cherchant à modifier la distribution du pouvoir à leur avantage.

La balance des pouvoirs constitue une forme d'action internationale, impliquant une action délibérée d'un État pour maintenir cet équilibre. Un État peut jouer un rôle clé dans le maintien d'un équilibre des forces, comme cela a été le cas pour le Royaume-Uni entre la paix d'Utrecht en 1713 et le début de la Première Guerre mondiale, période durant laquelle le Royaume-Uni a été la puissance qui a souvent influencé l'équilibre en faveur de l'un ou l'autre pôle, cherchant à établir des tendances hégémoniques parmi les grandes puissances continentales telles que la France napoléonienne, puis l'Autriche, la Prusse et la Russie. Une situation similaire a été observée avec la Russie en 1939, qui a influencé l'équilibre des pouvoirs en Europe entre les forces de l'Axe et celles des Alliés, tout comme la Yougoslavie,

[1] Hedley Bull, *Societatea anarhică. Un studiu asupra ordinii în politica mondială*, 1998, p. 93.

souvent considérée comme un acteur équilibrant entre l'Occident et le bloc communiste.[1]

La balance des pouvoirs est une loi politique qui découle de l'idée de distribution égale du pouvoir et s'applique différemment à chaque État. Dans le cadre d'une balance des pouvoirs, les États peuvent choisir parmi trois stratégies majeures d'action dans le système international.

La première voie est celle du *balancement*, qui se divise en deux types spécifiques d'actions : la formation d'alliances ou de coalitions, et le rôle d'équilibrateur, où un État cherche à rétablir ou à maintenir l'équilibre des forces. La seconde stratégie est *l'alignement*, qui consiste pour un État à se joindre à la partie la plus forte d'un conflit, tel qu'il est perçu par cet État. La motivation derrière cette action pourrait être la survie de l'État ou l'obtention de bénéfices issus du conflit, ou encore le transfert de responsabilité. Enfin, la troisième stratégie est liée à une perspective idéologique concernant la relation politique entre États, qui peut osciller entre l'instabilité et la guerre, ou la stabilité et la paix.

Comme mentionné précédemment, le concept de balance des pouvoirs a évolué depuis son apparition, passant par plusieurs étapes. La première étape commence au XVe siècle et se termine en 1815 avec le Congrès de Vienne, période durant laquelle la balance des pouvoirs est intégrée implicitement dans le nouveau système international comme un outil des relations internationales. Pendant cette période, la balance des pouvoirs possède une composante territoriale et démographique essentielle, et le moyen de rétablir cet équilibre est le principe de compensation territoriale.

La deuxième étape débute en 1815 et s'achève en 1918, à la fin de la Première Guerre mondiale. Au cours de cette période, la balance des pouvoirs se consolide et devient une institution du système international, acquérant en plus de la dimension territoriale, des dimensions militaires, technologiques et économiques.

---

[1] Andrei Miroiu, Radu Sebastian Ungureanu, *Manual de relații internaționale*, Editura Polirom, 2006, p. 203.

La troisième étape commence avec le déclenchement de la Seconde Guerre mondiale en 1939 et se termine en 1991, avec la fin de la guerre froide. La quatrième étape, la phase actuelle, débute avec l'effondrement de l'Union soviétique en 1991 et la fin de la guerre froide, période durant laquelle le système international évolue d'une forte bipolarité vers un unipolarisme incontesté dominé par les États-Unis.

Aujourd'hui, la balance des pouvoirs dans le système international n'est plus simplement systémique, mais plutôt sous-systémique. En plus des États-Unis en tant que grande puissance, d'autres États commencent à émerger comme des pôles systémiques, notamment la Chine, le Japon et l'Europe institutionnalisée au sein de l'Union européenne.

2. Les alliances militaires : les fondements de la sécurité internationale

La caractéristique du système international est, comme nous l'avons précisé, l'anarchie, dans le sens où il n'existe aucune instance politico-administrative et juridique supérieure à l'État. Ainsi, l'État doit agir volontairement pour assurer sa sécurité, tant par le biais de l'autodéfense que par ses tentatives de coopération avec d'autres États. Parmi ces modalités, les alliances sont les plus importantes et sont définies comme une fonction nécessaire de la balance des pouvoirs qui opère dans un système international multipolaire.[1]

Les alliances militaires sont considérées comme une composante universelle des relations internationales entre entités politiques, indépendamment du moment et du lieu de leur formation.[2]

Concernant la définition des alliances, des opinions différentes ont été exprimées par divers auteurs. Certains définissent l'alliance comme la promesse d'une assistance

---

[1] Hans Morgenthau, *Politics Among Nations : The Struggle for Power and Peace*, VI ed., Alfred A. Knopf Inc., New York,1985, p. 187.

[2] Stephen M. Walt, *The Origins of the Alliances*, Cornell University Press, Londra, 1987, p. 1.

militaire mutuelle entre deux ou plusieurs États souverains[1], soulignant l'importance de l'engagement réciproque des États au sein de l'alliance par le biais des promesses faites. L'alliance est donc vue comme une association formelle d'États visant à l'utilisation ou à l'empêchement de l'utilisation de la force militaire dans des conditions spécifiques et contre des États extérieurs à l'alliance.

D'autres auteurs estiment qu'il ne s'agit pas de promesses réelles, mais plutôt d'attentes de soutien mutuel découlant de ces promesses et des intérêts sous-jacents.[2] D'autres encore soutiennent que l'alliance n'a pas nécessairement une base formelle, mais repose fondamentalement sur un ensemble d'intérêts des États souhaitant s'allier, intérêts qui dépendent de leur position dans le système international, de leurs capacités militaires relatives, de la gravité des menaces auxquelles ils font face, voire de leur absence, ainsi que de la polarité systémique.[3] Toutefois, certains auteurs combinent tous ces critères et considèrent que l'alliance militaire représente une relation de coopération en matière de sécurité, qu'elle soit formelle ou informelle, entre deux ou plusieurs États, supposant des bénéfices partagés par tous les alliés et dont la désintégration entraînerait des coûts élevés que seule des alliances alternatives avec des tiers pourraient compenser.[4]

De ces définitions quelque peu divergentes, nous pouvons extraire quelques caractéristiques spécifiques de l'alliance. La première est son caractère formel. Bien que certains auteurs les considèrent comme des associations informelles, les alliances, en particulier militaires, résultent d'un accord formel entre deux ou plusieurs États, généralement un traité, ce qui les distingue fondamentalement des organisations de sécurité collective.

Contrairement aux organisations de sécurité collective, les alliances impliquent l'obligation d'intervention des alliés pour la

---

[1] Glenn H. Snyder, *Alliance Politics*, Cornell University Press, Londra, 1997, p. 35.
[2] Glenn H. Snyder, op. cit., p. 36.
[3] Randall Schweller, *Deadly Imbalances. Tripolarity and Hitler's strategy of World Conquest*, Columbia University Press, New York.
[4] Stephen M. Waltz, *The Origins of Alliances*, Cornell University Press, Londra, 1987, p. 1.

partie attaquée, car par la signature du traité d'établissement de l'alliance, les États s'engagent à fournir une assistance réciproque spécifique. L'acte signé précise souvent le moment d'intervention, les forces qui seront déployées, les zones à défendre ainsi que la contribution effective de chaque partie en cas d'intervention. Tous ces aspects sont sujets à négociation entre les parties qui s'allient, cherchant à maximiser leur sécurité avec des risques et des coûts minimaux.

À la différence de l'ONU, qui est une organisation de sécurité collective basée sur l'intérêt de maintenir la sécurité et la paix, mais concentrée sur un ensemble de valeurs et de droits humains qu'elle promeut, l'OTAN est l'exemple classique d'une alliance militaire, fondée sur la coopération militaire entre les parties signataires, spécifiant le poids de chaque participant dans l'alliance, le territoire à défendre, et les circonstances déclenchant l'obligation d'intervenir (article 5 du Traité).

Contrairement aux organisations de défense commune, les alliances ont un caractère permanent et sont structurées autour d'intérêts communs. Un exemple d'organisation de défense commune est le Pacte de Varsovie, établi en 1956, qui reposait sur un ensemble de valeurs partagées par les parties signataires et qui prévoyait la contribution mutuelle des États de l'ancienne URSS ainsi que ceux de sa sphère d'influence en cas d'attaque par des États de l'OTAN (en particulier les États-Unis).

Une autre caractéristique de l'alliance est son objectif, qui est fondamentalement militaire ou axé sur la maximisation de la sécurité, ce qui distingue les alliances militaires de tout autre type d'association entre États, tels que les accords économiques, culturels ou religieux (comme l'UE ou la NAFTA).

De plus, les alliances sont constituées uniquement d'États, excluant les entités politiques et économiques transnationales, les organisations gouvernementales internationales, les ONG internationales, ainsi que les groupes révolutionnaires ou de guérilla.

L'alliance militaire se distingue par l'obligation de réciprocité, même si ce n'est pas systématique dans toutes les alliances. Toutefois, dans la grande majorité des cas, ce principe est la base de l'augmentation des bénéfices pour l'alliance. Le principe de réciprocité confère une obligation légale et morale de respecter les engagements pris au sein de l'alliance.

En outre, l'alliance militaire a un caractère politique, bien qu'il soit secondaire, car les alliés attendent de leurs partenaires non seulement un soutien militaire, mais aussi un soutien politique dans leurs démarches diplomatiques, même si cette obligation n'est pas toujours expressément mentionnée dans le traité. Les intérêts sur lesquels l'alliance est construite, maintenue et renforcée sont essentiels pour sa viabilité et les bénéfices qu'elle apporte aux États signataires. Cela implique l'existence d'intérêts communs préexistants ainsi que d'intérêts qui se développent au fur et à mesure du maintien et du renforcement de l'alliance.

Les auteurs dans le domaine des études de sécurité ont proposé de classer les alliances selon deux modèles principaux : le modèle des garanties, qui formalise l'intérêt d'un État, existant même en l'absence d'un traité, et le modèle de l'assistance, qui nécessite l'obtention de l'aide d'un autre État, aide qui ne serait pas fournie sans un traité d'association.[1]

D'autres chercheurs classifient les alliances en deux modèles : l'un basé sur la balance des pouvoirs, qui implique d'intervenir du côté de l'État le plus faible pour équilibrer les forces, et l'autre sur l'alignement, qui consiste à soutenir le côté perçu comme plus fort ou potentiellement victorieux afin d'obtenir divers bénéfices.[2]

Sur la base de ces deux modèles de construction des alliances, trois grandes directions théoriques émergent : le réalisme classique et le modèle de la balance des pouvoirs[3], la théorie de la balance des menaces[4] et la théorie de la balance des intérêts[5]. Parmi les critères de classification des alliances figurent : le caractère formel ou informel, le nombre de membres, les engagements pris par les alliés (alliances unilatérales, bilatérales

---

[1] Voir Glenn H. Snyder, op.cit., p. 36 et s.

[2] Pour plus de détails, voir Stephen M. Waltz, op. cit.

[3] Représentée par Hans Morgenthau et décrite in *Politics Among Nations : The Struggle for Power and Peace*, VI ed., Alfred A. Knopf Inc., New York, 1985.

[4] Voir Stephen M. Waltz, *The Origins of Alliances*.

[5] Randall Schweller, *Deadly Imbalances. Tripolarity and Hitler's strategy of World Conquest*, Columbia University Press New York, 1998.

ou multilatérales), la puissance relative des États (alliances symétriques ou asymétriques), l'objectif de l'alliance (alliances offensives ou défensives), la durée (alliances permanentes ou conjoncturelles) et le moment de leur formation (en temps de paix ou de guerre).

3. La sécurité collective : théorie et pratique à l'ère de l'anarchie internationale

Étant donné la nature anarchique et compétitive du système international, le mécanisme le plus important pour éviter une guerre généralisée est la balance des pouvoirs. Cependant, celle-ci, n'étant pas suffisante, conduit toujours à des conflits internationaux.

Selon le droit international, la sécurité collective représente l'ensemble des actions communes des États et des organisations internationales, visant à prévenir et à éliminer tout danger menaçant la paix et la sécurité internationales, ainsi qu'à mettre fin aux actes d'agression et aux violations de la paix. Dans une vision plus simple, la sécurité collective est l'une des formes de lutte des États contre l'agression, un concept dans lequel plusieurs États s'engagent à s'entraider, y compris par des moyens militaires. Si une agression est dirigée contre l'un d'eux, elle est considérée comme une agression contre tous. Ce concept de sécurité collective vise à contrecarrer l'application illégale de la force par un ou plusieurs États au sein du groupe qui constitue le système de sécurité collective, et non contre une menace externe.

La sécurité collective repose sur le principe d'indivisibilité de la paix, partant du fait que l'agression, peu importe sa cible, constitue une violation de la paix générale. Étant un résultat de la politique d'équilibre des forces, la sécurité collective implique que la paix durable ne peut exister sans sécurité, et qu'il ne peut y avoir de sécurité tant que la guerre d'agression est considérée comme un moyen légal de résoudre les différends internationaux.[1]

---

[1] Ion Cloşca, *Dicţionar de drept internaţional public*, Bucureşti, Editura Ştiinţifică şi enciclopedică, 1982, p. 26.

Sans diminuer l'importance d'autres moyens d'assurer la sécurité internationale, on doit reconnaître que la création d'un système de sécurité collective des États sur une base universelle et régionale, ainsi que la mise en œuvre par les États de mesures collectives de prévention des conflits armés et de désarmement complet, sont parmi les plus importantes. Ces moyens garantissent, de manière plus efficace, une sécurité égale pour tous les pays et un équilibre de leurs intérêts.

Comme mentionné précédemment, pour les réalistes, le monde est un environnement anarchique et compétitif où les relations entre États reposent sur la méfiance mutuelle. La recherche de la survie par chaque État, ainsi que la suspicion envers les intentions des autres États, conduit à une vigilance permanente pour contrer les acteurs pouvant menacer la sécurité internationale et à une coalition des autres États pour limiter ces États-agresseurs. Les auteurs réalistes croient en la possibilité de coopération entre les États et reconnaissent l'importance du facteur militaire dans les relations internationales. Cependant, ils estiment que non seulement la structure du système international compte, mais aussi les idées qui décrivent la scène internationale.

La solution libérale suppose de dépasser les suspicions et d'abandonner les équilibres de pouvoir par une coalition perpétuelle des États. Les États s'engagent à maintenir la paix et la sécurité, et la violation de cet engagement conduit à des sanctions contre l'État agresseur par une puissance conjuguée de tous les autres États. Cette coalition vise à punir l'agresseur tout en rétablissant l'ordre initial. Pour que ce système de sécurité collective fonctionne, aucun État ne doit être si puissant qu'il puisse ignorer la volonté des autres États. De plus, les élites doivent partager une vision commune sur la sécurité et la stabilité internationales, sans la présence de puissances révisionnistes cherchant à modifier l'ordre international. Ces élites doivent également faire preuve de solidarité dans le maintien de la sécurité internationale. Ainsi, le mécanisme repose sur un concept traditionnel de sécurité, où la menace est de nature militaire, et où l'État, en tant qu'acteur détenteur de la souveraineté, constitue l'objet fondamental de cette sécurité.

Tout comme les réalistes, les partisans de la sécurité collective considèrent l'État comme l'unité fondamentale d'analyse, et un élément important est le pouvoir des acteurs internationaux. Chaque participant à ce système adapte ses moyens aux objectifs qu'il poursuit, l'objectif primordial de tout État étant d'assurer sa propre sécurité en identifiant les moyens les plus appropriés pour survivre. Le concept de sécurité collective est né après la Première Guerre mondiale, en réaction à la logique de la balance des pouvoirs, et il a été perçu comme une solution pour réguler les menaces internationales. Les pertes matérielles et humaines considérables causées par la Première Guerre mondiale ont conduit à une conclusion largement acceptée : la guerre ne doit être tolérée sous aucune forme et ne doit pas être un instrument de la politique ; l'utilisation de la force militaire devrait être strictement limitée à la légitime défense et à l'imposition du droit international dans le cadre de la coopération.

Pour que la sécurité collective soit une solution pratique et efficace, les États doivent s'engager à respecter trois principes fondamentaux. Le premier principe est le rejet de la guerre. Cela signifie qu'ils doivent abandonner l'idée d'utiliser la force militaire pour résoudre les conflits, afin d'éliminer la menace d'un nouveau conflit armé. Ce rejet de la guerre est essentiel pour créer un climat de confiance entre les États. Le deuxième principe stipule que les intérêts nationaux d'un État doivent s'étendre à l'ensemble du système international. Cela implique que les États doivent être prêts à collaborer et à se soutenir mutuellement pour rétablir l'ordre face à une agression. En unissant leurs forces, ils peuvent faire face à un agresseur commun. Enfin, le troisième principe concerne la nécessité d'avoir des visions similaires de la sécurité internationale. Les États doivent partager une compréhension commune de ce que signifie la sécurité, ce qui les incitera à s'associer pour atteindre des objectifs communs. Cette coopération continue est essentielle pour maintenir la paix et prévenir les conflits. En respectant ces trois principes, les États peuvent établir une sécurité collective solide, garantissant ainsi la stabilité et la paix sur la scène internationale.[1]

---

[1] John Baylis, « International and Global Security in the post-Cold War Era », in John Baylis et Steve Smith (eds,), *The Globalization of World Politics, An*

L'avantage de l'institution de la sécurité collective réside avant tout dans la dissuasion d'un agresseur potentiel, qui craindrait une force supérieure grâce à la coopération de tous les autres États. La création d'institutions internationales favorise la coopération internationale tant par l'adoption d'un comportement similaire que par l'établissement de régimes internationaux composés de principes, de normes, de règles et de procédures destinés à réglementer les relations entre États. La sécurité collective repose donc sur la coopération, un mécanisme qui contribue à accroître la confiance mutuelle entre les États et à réduire l'influence des perceptions erronées dans les décisions politiques.[1] Les États sont ainsi encouragés à recourir à la voie militaire uniquement à des fins défensives, car une attaque contre un membre de la communauté entraînerait la réponse militaire écrasante de tous les autres, ce que l'agresseur ne pourrait pas affronter.[2]

Les idées de la sécurité collective ont été générées par des convictions libérales ainsi que par l'évolution historique du système international. Entre le Congrès de paix de Vienne en 1815 et le début de la Première Guerre mondiale en 1914, les grandes puissances ont réussi à trouver des moyens de maintenir la sécurité internationale, les conflits durant cette période étant plutôt limités tant sur le plan politique qu'en ce qui concerne les pertes humaines et matérielles. Cependant, la Première Guerre mondiale, avec tous les préjudices importants qu'elle a causés à tous les États participants, a marqué la fin d'une époque et a démontré les limites des mécanismes utilisés jusqu'alors.

Le premier système de gestion de la sécurité internationale après la défaite de Napoléon reposait, comme mentionné dans les chapitres précédents, sur le concept de pouvoir, valable durant la période des Congrès du XIXe siècle. Cependant, l'évolution historique subséquente (la Révolution industrielle, l'ascension de la Prusse et de l'Allemagne, la compétition pour la Pologne, etc.) a généré une balance des pouvoirs dans laquelle la Grande-

---

Introduction to International Relantions, II ed., Oxford University Press, Oxford, p. 264.

[1] Andrei Miroiu, Radu Sebastian Ungureanu, op. cit., p. 226.

[2] Charles A. Kupchan, Clifford A. Kupchan, « Concerts, Collective Security and the Future of Europe », *International Security*, 16 (1), 1991, pp. 125-137.

Bretagne tentait de bloquer les tendances hégémoniques des autres. La balance a perdu de sa flexibilité, ce qui a conduit au début du XXe siècle à la formation des deux grandes alliances : l'Entente et les puissances centrales. La Première Guerre mondiale marque l'échec des institutions qui, jusqu'alors, avaient assuré une certaine stabilité en Europe et dans le monde par le biais de la balance des pouvoirs.

Ainsi, le concept de sécurité collective est né après la Première Guerre mondiale, un certain nombre d'États convenant de s'engager à se prêter assistance mutuellement, y compris par des forces militaires, en cas d'agression armée contre l'un d'eux, selon le principe selon lequel l'agression contre un est une agression contre tous. Ce concept a servi de base à la création de la Société des Nations, en tant qu'organisation internationale, à la suite de la Conférence de paix de Paris en 1919. L'intérêt général des États à maintenir l'ordre du droit international a contribué à la création du système moderne de sécurité collective, un système des mesures les plus importantes pour maintenir la paix générale, où chaque État garantirait sa sécurité et son indépendance avec la participation de tout autre État.

Le même mécanisme de sécurité collective est cependant responsable du déclenchement de la Première Guerre mondiale, ce qui a conduit les États victorieux à créer, après ce conflit, la Société des Nations. Cette organisation avait pour but d'incorporer des principes de sécurité collective dans son document fondateur, signé par les parties prenantes. Malgré les efforts déployés, cette institution a échoué à prévenir le déclenchement de la Seconde Guerre mondiale, qui a eu lieu entre 1939 et 1945. Plusieurs facteurs ont contribué à cet échec, notamment l'exclusion des grandes puissances comme les États-Unis et l'Union soviétique, la présence d'États révisionnistes (comme le Japon, l'Italie et l'Allemagne) qui n'ont pas été sanctionnés pour leurs actions expansionnistes, ainsi que le manque de volonté ou de capacité des États membres, en particulier des principaux garants du système, la France et la Grande-Bretagne, à honorer leurs engagements.

3.a. De la Société des Nations à l'ONU : le système universel de sécurité collective, un nouveau paradigme pour le maintien de la paix

Le système de sécurité collective universel, prévu par la Charte de l'ONU, est le principal instrument de maintien de la paix et de prévention des guerres. Après la Seconde Guerre mondiale, les États vainqueurs n'ont cependant pas abandonné l'idée de coopérer de manière institutionnelle pour prévenir un conflit mondial. Ils ont créé l'Organisation des Nations Unies, s'inspirant des principes de la Société des Nations, mais en la développant et en lui conférant un statut nettement supérieur pour éviter un éventuel échec.

Le Conseil de sécurité a été créé en tant qu'organe spécialisé de l'Organisation des Nations Unies, permettant ainsi la mise en œuvre du principe d'intervention des États membres contre un État agresseur qui enfreint les normes internationales. Conformément à la Charte de l'ONU, le Conseil de sécurité a pour responsabilité fondamentale de maintenir la paix et la sécurité internationales en résolvant pacifiquement les différends et en prenant des mesures contre les menaces à la paix et les actes d'agression. En effet, après plus de 60 ans d'existence de l'ONU, il est apparu nécessaire d'instaurer des réformes au sein du Conseil de sécurité pour élaborer de nouvelles méthodes de lutte contre le terrorisme, une forme d'agression armée.

Le Conseil de sécurité mène ses activités lors de séances officielles, et parfois lors de réunions informelles. Depuis le milieu des années 1960, les réunions formelles du Conseil sont devenues une exception, la plupart des décisions étant prises lors de réunions informelles. La Charte de l'ONU consacre l'ordre juridique mondial actuel, les principes des relations entre États sur la scène internationale et prévoit un ensemble de mesures pour maintenir la paix générale et mettre fin aux actes d'agression. Ces mesures comprennent :

- des moyens de règlement pacifique des litiges internationaux ;
- des mesures de maintien de la paix en coopération avec des organisations régionales de sécurité ;

- des mesures provisoires de lutte contre les atteintes à la paix et à la sécurité internationales ;

- des mesures coercitives à l'encontre des États violateurs sans recours aux forces armées ;

- des mesures coercitives à l'encontre des États agresseurs avec recours aux forces armées.

Le Conseil de sécurité est actuellement composé de cinq membres permanents et de dix membres non permanents. Les cinq membres permanents disposent d'un droit de veto et représentent les grandes puissances victorieuses de la Seconde Guerre mondiale (les États-Unis, la Fédération de Russie, le Royaume-Uni, la France et la Chine), leur droit de veto empêchant l'utilisation de l'organisation contre leurs intérêts. Un exemple concret d'application du principe de sécurité collective est l'intervention armée des Nations Unies contre l'Irak, pays qui a envahi et occupé le Koweït en août 1990, en le transformant en province. Le Conseil de sécurité des Nations Unies a exigé le retrait des troupes irakiennes et, face au refus du pouvoir de Bagdad, a décidé d'une politique de sanctions contre Bagdad, dont un embargo commercial, ainsi qu'une intervention militaire au début des années 1991. Cette intervention a vaincu les troupes irakiennes et les a contraintes au retrait, rétablissant ainsi la souveraineté koweïtienne.

L'institution de la sécurité collective vise donc, en dernier lieu, à respecter l'égalité internationale, mais les défaillances pratiques du mécanisme proposé par les Nations Unies sont reconnues même dans la Charte, qui affirme le droit des États souverains de participer à un accord régional de sécurité ou à des alliances de sécurité. Le Conseil de sécurité peut même recourir à ces formules régionales pour mettre en œuvre ses décisions, comme l'ONU l'a fait en sollicitant l'implication de l'OTAN après son propre échec dans l'intervention en ex-Yougoslavie.

Malgré ses lacunes, l'ONU compte aujourd'hui plus de 190 membres, ce qui rend la participation des États dans des formes de sécurité collective totale ; contrairement à l'équilibre des pouvoirs, l'institution de la sécurité collective peut englober l'ensemble du système international. Ses mécanismes, durables dans le temps et basés sur l'inclusivité, permettent un engagement des États membres qui peut produire des effets même contre ses membres lorsqu'ils deviennent des agresseurs.

3.b. Les systèmes régionaux et la sécurité collective : outils pour la stabilité et la paix

Les systèmes de sécurité régionale sont représentés par des organisations assurant la sécurité sur différents continents ou régions et se basent sur des traités ou accords. Éviter tout conflit local, susceptible de dégénérer facilement en une guerre de grande ampleur, impose aux États de joindre leurs efforts dans la lutte pour la paix à différents niveaux, caractérisés par les éléments suivants :

- l'inscription de l'obligation des parties à l'accord de résoudre exclusivement par des moyens pacifiques les litiges survenant entre elles ;
- la stipulation de l'obligation des parties à l'accord de fournir une assistance individuelle ou collective à l'État soumis à une agression armée ;
- l'obligation d'informer le Conseil de sécurité de l'ONU des mesures de défense collective entreprises ;
- la participation dans le cadre des accords des États d'une seule région, leur action étant limitée au cadre régional défini par les parties ;
- l'intégration de nouveaux États au système de sécurité prévu par l'accord uniquement avec le consentement de toutes les parties.

L'efficacité réelle des systèmes régionaux de sécurité collective ne peut être assurée que si tous les États de la région y participent. Actuellement, dans le système de sécurité internationale, les organisations régionales et universelles jouent un rôle de plus en plus important dans l'assurance de la sécurité collective. Les principes fondamentaux du maintien de la paix et de la sécurité globale, formulés dans la Charte de l'ONU et dans d'autres documents, prévoient l'adoption de mesures collectives pour éviter et éliminer les menaces contre la paix, réprimer les actes d'agression, éviter l'usage de la violence pour résoudre les différends internationaux, etc. Conformément aux dispositions de la Charte de l'ONU, la responsabilité principale du maintien de la paix et de la sécurité internationale incombe au Conseil de sécurité de l'ONU, qui occupe une place particulière dans le système institutionnel de l'organisation.[1]

Depuis avril 1949, un rôle important revient à l'Organisation du Traité de l'Atlantique Nord (OTAN), un bloc politico-militaire créé dans le cadre de l'article 51 de la Charte de l'ONU, qui constitue la base légale et contractuelle de l'Alliance des États membres, réaffirmant le droit inhérent des États indépendants à la défense individuelle ou collective. Conformément au préambule du Traité, le but des alliés est de promouvoir des relations de paix et de coopération dans la zone de l'Atlantique Nord.[2]

Selon les dispositions du Traité (art. 5 et 7), une agression armée contre un ou plusieurs États membres sera considérée comme une agression contre tous les États membres ; dans ce cas, chaque membre de l'Alliance apportera une assistance à l'État victime d'agression, en utilisant tous les moyens disponibles, y compris les forces armées. Par agression armée, on entend aussi bien l'invasion du territoire des États membres que les attaques contre leurs navires et avions dans des zones déterminées.

Le Conseil de sécurité de l'ONU est immédiatement informé de toute agression armée et des mesures prises. Dès lors qu'il engage des actions de rétablissement et de maintien de la paix et de la sécurité internationale, les mesures prises par l'OTAN sont suspendues.

Pour les États membres, la création du Pacte de l'Atlantique Nord poursuit deux objectifs : les garanties collectives contre une agression[3] et la défense du territoire des États membres ; la protection et le soutien des valeurs et idéaux promus par ceux-ci. Étant donné que de plus en plus d'États partagent ce système de valeurs et d'idéaux, l'Organisation favorise l'ouverture de la coopération et de la consultation avec des partenaires potentiels, contribuant au renforcement de la sécurité du continent européen,

---

[1] Raluca Miga-Beşteliu, *Organizaţii internaţionale interguvernamentale*, Bucureşti, Editura All Beck, 2005, p. 183.

[2] *Manual NATO. Ediţia celei de-a 50-cea aniversări*, Bruxelles, Biroul de informare şi presă NATO, p. 23.

[3] Mircea Niciu, *Organizaţii internaţionale (Guvernamentale)*, Iaşi, Editura Chemarea, 1994, p. 99.

qui n'est plus divisé, grâce à l'instauration d'une ère de confiance mutuelle, de stabilité et de paix.

Conformément à la Déclaration de Rome de 1991, l'Organisation du Traité de l'Atlantique Nord déplace son accent de l'activité purement militaire vers une activité politico-militaire. Pour réaliser le concept de sécurité fondé sur la confrontation, selon les principes prévus par l'OTAN, le premier moyen est l'autodéfense, individuelle ou collective, dirigée contre un agresseur provenant de l'extérieur de sa propre sphère d'intérêts. Se considérant comme un instrument efficace de consolidation de la sécurité européenne, l'OTAN a initié des activités au sein du Conseil de coopération nord-atlantique et du programme Partenariat pour la paix.

4. L'espace aérien ouvert et les mesures de confiance dans la sécurité moderne

Les mesures de consolidation de la confiance en tant qu'institutions de droit de la sécurité internationale constituent un ensemble de normes régissant l'activité militaire des États, par la mise en place de mesures à caractère informatif et de contrôle, visant à atteindre une compréhension réciproque et à éviter une attaque surprise ou un conflit non sanctionné, ainsi qu'à assurer le processus de désarmement.

En tant qu'organisme juridique, cet institut a commencé à se former dans les années 1960-1970, par l'adoption d'une série d'accords dont les dispositions visent à éliminer la méfiance et à prévenir l'apparition accidentelle de situations conflictuelles. Les mesures de confiance jouent un rôle important dans la prévention des guerres. Elles représentent un système de mesures organisationnelles et juridiques visant à réduire le risque de guerre et à garantir la confiance entre les États.

Le système de mesures de confiance, actuellement appliqué en Europe, repose sur les documents de l'OSCE et comprend un large éventail de mesures visant à garantir l'interaction et la communication entre les États, l'information sur les activités militaires, l'envoi d'observateurs lors des exercices militaires, etc.

Une nouvelle direction dans le développement du système des mesures de confiance est la conception de l'espace aérien ouvert. Conformément au Traité de 1992 sur l'espace aérien ouvert, les États se sont engagés à favoriser la transparence dans leurs activités militaires, en s'accordant mutuellement le droit d'effectuer un certain nombre de vols de reconnaissance par des avions non armés au-dessus de leur territoire. Une Commission consultative pour l'espace aérien ouvert a également été instituée, qui examine les questions de respect du Traité en question.

De plus, le facteur de non-alignement joue un rôle important. D'une part, il s'agit de la politique étrangère d'un État qui ne s'affilie à aucun bloc militaire, et d'autre part, il fait référence à l'ensemble des normes qui déterminent les obligations concrètes d'un État en vue de promouvoir une politique indépendante, de soutenir la lutte anticoloniale et de soutenir la paix dans le monde entier par tous les moyens possibles.

La spécificité de la situation internationale conduit à la nécessité d'appliquer de nouveaux principes et approches dans les relations internationales. Les mesures de confiance ne remplaceront pas les mesures de désarmement. À l'avenir, toutefois, elles joueront un rôle de plus en plus important dans la création des conditions préalables à un désarmement réel.

En conclusion, l'ensemble des mesures régies par le droit international et intégrées dans le système de sécurité internationale visent : à résoudre pacifiquement les conflits internationaux ; à créer un système de sécurité collective universelle et régionale ; à prévenir le déclenchement de la guerre ; à contrer les actes d'agression ; à réduire les forces armées, l'armement et à procéder au désarmement ; à restreindre la base matérielle et la sphère spatiale de conduite de la guerre.

Ainsi, la consolidation des mesures de confiance et la mise en place d'un contrôle international efficace sur l'activité des États dans le domaine militaire, etc., représentent la garantie juridique internationale de la paix et de la sécurité internationale.

5. Le régime de sécurité : la coopération internationale et la gestion des menaces

Contrairement aux inconvénients que présentent l'équilibre des pouvoirs ou la sécurité collective, à savoir les risques trop importants ou trop coûteux, le régime de sécurité est une institution fondée sur les négociations entre acteurs, notamment parce qu'il a une nature plutôt politique qui domine la scène des relations internationales. La formation d'une société internationale n'est possible que par la négociation des intérêts de manière rationnelle et sur des positions égales, et la règle principale qui guide l'interaction entre les États est le respect des accords conclus. Le régime international peut être défini comme un ensemble de principes, de normes et de procédures de prise de décision implicites ou explicites autour desquels convergent les attentes des acteurs dans un certain domaine des relations internationales.[1]

Les régimes peuvent se constituer dans tout domaine de la vie internationale : économie, environnement, sécurité, droits de l'homme, transports, communications, etc. Bien qu'il soit considéré qu'il évolue dans un environnement anarchique, en l'absence d'une autorité suprême, il est gouverné par les conditions stipulées par les États pour réglementer les questions d'intérêt commun ainsi que les circonstances dans lesquelles se déroulent toutes les formes d'échange ou de coopération internationale, établissant aussi les limites dans lesquelles la souveraineté des États peut être exercée (comme par exemple les vols commerciaux, les échanges commerciaux, etc.). Les régimes internationaux sont généralement établis sur la base de la réciprocité par des acteurs souverains ayant des intérêts communs, et l'acceptation des parties est la seule garantie du respect de la convention entre elles, car il n'existe pas d'autorité centrale capable de surveiller ou de sanctionner la non-conformité aux obligations assumées par les parties.

Le moment de la constitution d'un régime est considéré comme celui où les États réglementent ces obligations

---

[1] Stephen Krasner, *International Regimes*, Cornell University Press, Ithaca, N.Y., p. 2.

réciproques qu'ils assument, ainsi que les conditions concrètes dans lesquelles ils coopéreront pour poursuivre des objectifs communs. Un exemple de régime international est l'Accord général sur les tarifs douaniers et le commerce (General Agreement on Tariffs and Trade - GATT), transformé plus tard en Organisation mondiale du commerce (OMC). Ce régime est fondé sur la conviction libérale que la prospérité de tous peut être atteinte uniquement par les bénéfices du libre-échange mis en œuvre par l'élimination des barrières tarifaires et non tarifaires au commerce international.

Les principes et les normes de ce régime économique sont déterminants, et le point de départ dans leur constitution a été un ensemble de coutumes et pratiques internationales non codifiées dans des accords, mais issues de la coopération économique entre États. Le caractère particulier du régime international, y compris celui mentionné précédemment, est que les États ne sont pas les seuls à pouvoir constituer et faire partie d'un tel régime ; des entreprises bancaires, des compagnies d'assurances ou de transports peuvent également y participer et avoir des relations transfrontalières. Comme indiqué, les régimes internationaux peuvent être établis dans différents domaines : économique, environnement, communications, droits de l'homme, mais celui que nous aborderons dans ce travail est le régime de sécurité basé sur la nécessité pour deux États de coopérer dans le but de protéger la sécurité de chacun. Les États, en tant qu'acteurs internationaux, recherchent les solutions les plus simples et les plus équitables pour poursuivre leur objectif suprême, à savoir leur propre survie, en considérant que la sécurité de chacun dépend de l'attitude des autres États, ce qui entraînera la réglementation commune de mesures visant à améliorer la sécurité de chaque État.

Le désarmement réciproque, même partiel, est généralement perçu comme le moyen le plus simple de lever les soupçons et les craintes entre États ; des exemples en sont les accords SALT 1 et SALT 2 (1972 et 1979, respectivement) entre les États-Unis et l'URSS, conclus pour arrêter la course aux armements nucléaires. Un autre exemple est le traité de non-prolifération nucléaire, toujours en vigueur aujourd'hui, tandis qu'au niveau régional, l'arrangement le plus connu est celui concernant les forces conventionnelles en Europe, signé en 1990, par lequel les États membres de l'OTAN et ceux du Pacte de Varsovie ont décidé de limiter les armements offensifs et de repositionner ceux existants pour réduire le risque d'une attaque massive par surprise.

Pour le bon fonctionnement d'un régime de sécurité, il est considéré qu'il est nécessaire de remplir quatre conditions : la volonté des grandes puissances, la conviction que tous les participants souhaitent la sécurité et la coopération mutuelles, l'exclusion de l'expansionnisme comme moyen de garantir la sécurité d'un État et des coûts exorbitants pour une guerre ou une poursuite individuelle de la sécurité.[1] Un tel régime de sécurité a été le concert de puissance formé en Europe après la fin de l'époque napoléonienne, période historique marquée par la conviction des grandes puissances que la sécurité de chacune était possible si les autres étaient également en sécurité. Cependant, plus récemment, pendant la Guerre froide, un régime de sécurité effectif entre les deux superpuissances a été très difficile à mettre en pratique, le principal obstacle étant que les deux parties considéraient que l'équilibre stratégique dans le domaine des forces nucléaires était le moyen le plus sûr d'atteindre et de maintenir la stabilité internationale.[2]

La simple existence d'un régime de sécurité ne garantit pas l'atteinte de ses objectifs, car il existera toujours des participants qui poursuivront leurs propres intérêts de manière individuelle, surtout que de plus en plus d'États se dotent d'armes nucléaires (l'Iran et la Corée du Nord, en plus des détenteurs traditionnels). Un régime de sécurité ne peut atteindre ses objectifs que s'il opère dans un cadre institutionnel plus large, en augmentant le nombre d'acteurs impliqués, cette augmentation ayant des effets bénéfiques dans la définition des objectifs de l'accord mais générant également des difficultés supplémentaires en ce qui concerne le suivi du respect des engagements pris. Un exemple contemporain de tel accord est celui signé en 1817, concernant la démilitarisation des Grands Lacs d'Amérique du Nord, un accord

---

[1] Robert Jarvis, « Security Regimes », *International Organizations*, 36 (2), pp. 360-362.

[2] Robert Jarvis, op. cit., pp. 371-378.

qui s'est maintenu dans le temps. Ainsi, aujourd'hui encore, les États-Unis et le Canada partagent la plus longue frontière non militarisée au monde, les deux États étant membres de l'OTAN et ayant une politique de défense aérienne coordonnée par le NORAD (North American Aerospace Defense Command[1]). Certains auteurs estiment ainsi que, si le risque de conflit armé entre les États-Unis et le Canada est quasiment nul, ce fait n'est pas seulement dû à leur appartenance à une communauté de sécurité, mais aussi au fait que, depuis deux siècles, un régime de sécurité existe dans cette région.[2]

D'autres auteurs estiment toutefois que le régime de sécurité présente, en plus de l'avantage discutable de la capacité de négociation des acteurs, certains inconvénients. Parmi ceux-ci, bien que des mécanismes transparents de contrôle moral soient établis, la répartition des pouvoirs dans le système demeure inchangée : les régimes sont habituellement nationaux, tandis que les grandes puissances opèrent globalement, et l'efficacité d'un régime dépend de la volonté des participants, sans garantie de durée ni de conséquences en cas de non-respect des engagements. Contrairement à la sécurité collective, un régime de sécurité ne peut transformer en agresseur un État qui ne participe pas ou qui viole un régime de sécurité, même si cet État obtient davantage de pouvoir. Un exemple de structure institutionnelle pouvant être considéré comme un régime de sécurité est la Conférence sur la Sécurité et la Coopération en Europe (CSCE), initiée en 1973 et transformée en 1995 en Organisation pour la Sécurité et la Coopération en Europe (OSCE), une organisation initialement composée de tous les États européens indépendants, sauf l'Albanie, ainsi que de l'URSS, des États-Unis et du Canada. L'Acte final d'Helsinki ne contient pas d'engagements formels concernant les niveaux d'armement, mais il est intéressant de noter qu'il est encadré temporellement entre les deux accords SALT (1972-1979). L'OSCE est devenue le cadre institutionnel le plus utilisé pour débattre de la sécurité en Europe, et elle peut

---

[1] Richard Little, « International Regimes », in John Baylis et Steve Smith (eds.), *The Globalization of World Politics: An Introduction to International Relations*, II ed., Oxford University Press, Oxford, 2001, p. 304.
[2] Andrei Miroiu, Radu Sebastian Ungureanu, op. cit., p. 240.

être considérée comme une organisation évolutive, susceptible de se transformer en fonction de la volonté des États participants au sein d'une communauté de sécurité.[1]

Ainsi, les régimes de sécurité reposent sur la nécessité de la coopération entre États pour atteindre un objectif commun, nécessitant un haut niveau de confiance entre les participants et des mécanismes de contrôle mutuel des engagements, fondés davantage sur la disponibilité des États à négocier et à respecter leurs engagements, sans moyens formels de sanctionner les violations. Les États membres d'un régime de sécurité conservent la possibilité de participer à des alliances militaires ou à d'autres accords de sécurité collective offrant davantage de garanties et de sanctions pour les éventuels États agresseurs.

Si la balance des pouvoirs, la sécurité collective et le régime de sécurité ont pour point commun une origine dans une conception rationaliste des États, le concept de communauté de sécurité repose sur une théorie constructiviste, qui suppose que l'identité et les intérêts des participants aux relations internationales ne sont pas prédéfinis mais se forment par leur interaction avec les autres acteurs.[2] Le concept de « communauté de sécurité » ne se réfère pas aux relations entre individus, mais aux relations entre entités politiques, désignant un groupe d'entités politiques convaincues que les membres de la communauté ne s'engageront pas dans des conflits armés entre eux, mais résoudront leurs différends autrement.[3] Contrairement aux autres institutions analysées, qui visent à contrôler la résolution militaire des différends, la communauté de sécurité repose sur la prémisse que ses membres rejettent toute idée de violence entre eux.

Ces communautés peuvent être de deux types : amalgamées, reposant sur une gouvernance commune (communautés à l'origine des États fédéraux), ou pluralistes, dans lesquelles les

---

[1] Emanuel Adler, « Seeds of Peaceful Change: The OSCE's Security Community-Building Model », in Emanuel Adler et Michael Barnett (eds.), *Security Communities*, Cambridge University Press, 1988 Cambridge.

[2] Andrei Miroiu, Radu Sebastian Ungureanu, op. cit., p. 243.

[3] Karl W. Deutsch et all., *Political Community and the North Atlantic Area. International Organization in the Light of Historical Experience*, Princeton University, Press, Princeton, NJ. 1957, p. 5.

unités membres conservent leur indépendance tout en rejetant la possibilité d'une guerre entre elles. Il s'agit d'une intégration fondée sur le sentiment de communauté, soutenue par la communication sociale, l'augmentation de la mobilité des personnes, des liens économiques et des échanges transfrontaliers interhumains.[1]

Un exemple de communauté de sécurité est celle formée par les États des rives nord de l'Atlantique et de la mer du Nord, ainsi que leurs voisins, à l'exception des États sous hégémonie soviétique durant la guerre froide. L'existence d'une communauté de sécurité n'exclut pas les différends diplomatiques ou économiques entre ses membres, mais elle implique seulement le rejet de la violence pour résoudre ces conflits. Toutefois, les membres de la communauté de sécurité peuvent recourir à la guerre pour survivre face à des États tiers. La confiance mutuelle entre États peut être fondée sur des valeurs démocratiques, tandis que la qualité et la quantité des liens entre États sont essentielles à la création d'une telle communauté. Dans les années 1990, le concept prend un nouveau sens, la communauté de sécurité étant définie comme une région transnationale composée d'États souverains dont les peuples espèrent des changements pacifiques.[2] Il existe deux formes de communauté de sécurité : une communauté faiblement connectée, exemplifiée par la neutralité et la souveraineté de la Suisse au sein d'une Europe hautement institutionnalisée, et la forme la plus étroitement liée, l'Union européenne, où coexistent des arrangements de sécurité collective, ainsi qu'un système de règles favorisant une certaine gouvernance commune en renonçant à certains attributs de la souveraineté des États.

Pour former une communauté de sécurité, ses membres doivent partager des identités, valeurs et significations communes, entretenir des relations directes variées entre eux et développer des intérêts communs, une réciprocité dans les obligations et une responsabilité dans leurs relations. Une simple

---

[1] Robert Jackson et Georg Sorensen, *Introduction to International Relations*, Oxford University Press, Oxford, 1999, p. 111.

[2] Emanuel Adler et Michael Barnett, *A Framework for the Study of Security Communities*, 1998, p. 30.

association de relations pacifiques ou l'absence de guerre ne suffit pas pour qu'un groupe d'États constitue une communauté de sécurité ; ils doivent entretenir des relations suffisamment étroites pour empêcher toute forme de conflit, leur volonté d'éviter la guerre entre eux étant assez forte pour garantir cette paix. Bien que les États forment une communauté de sécurité, il est crucial de noter que, en réalité, ce sont les sociétés qui la composent, voire parfois les individus, car ce sont les peuples qui portent des convictions, et la confiance se construit non par une institution comme l'État, mais par la société elle-même. Outre de nombreux avantages offerts par la communauté de sécurité par rapport aux autres institutions de sécurité (comme la confiance et l'objectivité dans les relations entre États), sa durabilité dans le temps est cruciale. La communauté de sécurité se développe sur une plus longue période et repose sur une composante identitaire commune à ses membres, impliquant une transformation profonde des intérêts de ceux-ci, renforçant ainsi les relations interétatiques et augmentant les chances de survie de la communauté.[1] Un exemple de communauté de sécurité est l'Europe occidentale, qui, pour assurer sa sécurité après la guerre, a instauré des mesures de contrôle mutuel, comme la création de la CECA. De même, le soutien américain au développement (plan Marshall et reconstruction européenne) a conduit à des relations internationales générant des identités et des intérêts communs parmi les États et les sociétés européennes. Ainsi, la création de la communauté de sécurité est le fruit d'un ensemble de facteurs, tels que les relations entre États, les références culturelles communes, et les convictions et pratiques démocratiques de ses membres.

Un autre exemple pertinent à plusieurs égards est l'Organisation du Traité de l'Atlantique Nord (OTAN), créée initialement comme une organisation politico-militaire sous la direction des États-Unis, dans le but de protéger l'Europe occidentale de l'expansionnisme soviétique. Les relations entre ses membres n'ont pas toujours été harmonieuses, un exemple étant l'histoire des relations gréco-turques. Avec la chute de l'URSS et, par conséquent, de l'hégémonie soviétique, l'OTAN

[1] Andrei Miroiu, Radu Sebastian Ungureanu, op.cit., p. 247.

a cherché à définir un nouvel objectif, surtout que les pays du centre et de l'est du continent, jusque-là sous hégémonie russe, souhaitaient adhérer à l'alliance. Ainsi, de nouveaux critères ont été établis, parmi lesquels un seul était de nature militaire, portant sur la qualité des forces armées. Les quatre autres critères, tels qu'approuvés en 1995 dans le cadre d'une étude, incluaient : l'existence d'une démocratie avec une économie de marché, le traitement des minorités présentes sur le territoire conformément aux recommandations de l'OSCE, la résolution pacifique des conflits avec les voisins et l'engagement à développer des relations démocratiques entre les structures institutionnelles civiles et militaires.

Ainsi, l'OTAN est devenue une communauté de sécurité en étendant sa vocation d'alliance politico-militaire et en instaurant un climat de confiance entre ses membres, fondé sur des convictions fondamentales et des pratiques politiques similaires. Bien que les membres aient parfois adopté des positions divergentes sur des questions importantes – par exemple, face à l'intervention militaire en Irak en 2003 – la création d'une communauté de sécurité est un processus de longue haleine, basé sur la socialisation, l'apprentissage des normes et des pratiques, ainsi que sur leur respect. L'objectif final de cette démarche est d'atteindre un niveau de confiance rendant impossible le recours à la violence pour résoudre les différends.[1]

Les pays partageant une culture commune dès le départ, comme ceux de l'Amérique latine, ont trouvé plus facilement la voie vers le développement d'un système identitaire. Ces États sont unis par leur histoire, leur langue, leur religion et leurs mentalités communes, et leurs projets sont soutenus par l'existence d'organisations internationales ayant des objectifs communs, telles que le Mercosur (Marché commun du Sud), la Communauté andine ou la Communauté des États américains.

Cependant, même des États qui ont eu entre eux de nombreux différends au fil du temps ont réussi à s'intégrer dans une communauté de sécurité. Le meilleur exemple en est celui des relations roumano-hongroises. Après la Seconde Guerre mondiale, ces relations étaient contrôlées d'abord par la

---

[1] Voir Emanuel Adler et Michael Barnett, op. cit.

domination allemande, puis par la domination soviétique. Au début des années 1990, avec la perte de l'hégémonie soviétique, les relations se sont refroidies. Toutefois, les deux États ont formulé des demandes d'adhésion à l'OTAN et ont dû, pour ce faire, remplir une des conditions imposées en 1995 pour l'adhésion, à savoir résoudre leurs différends mutuels ainsi que ceux avec leurs autres voisins, de sorte qu'une fois membres, ils ne puissent générer de tensions au sein de l'alliance. L'adhésion à l'OTAN, et ensuite les étapes vers l'intégration européenne, ont conduit à des rapports bilatéraux amicaux entre les deux gouvernements, bien que des soupçons réciproques subsistent au niveau social.

Chapitre 7
Acteurs et sujets des relations internationales : États, organisations et autres protagonistes

1. Acteurs et droits dans les relations internationales : une analyse du sujet des relations internationales

La notion de sujet de droit est commune à tout ordre juridique, qu'il soit interne ou international. Elle désigne les entités ayant la qualité de participer aux rapports juridiques régis par les normes spécifiques d'un ordre juridique et d'être titulaires de droits et d'obligations dans ce cadre.[1]

Au fil de l'évolution historique, les relations internationales, d'abord rudimentaires et limitées quant à leur objet, se sont développées et diversifiées, le rôle principal dans ce processus revenant aux États. Pendant une très longue période, les relations internationales concernaient uniquement les rapports entre États, car ils étaient les seuls acteurs de la vie internationale.

Au début de la première moitié du XIXe siècle, sous l'influence du progrès technique et du développement de la coopération entre États, des organisations internationales interétatiques, tant gouvernementales que non gouvernementales, sont apparues sur la scène internationale. Avec le démantèlement du système colonial, une nouvelle entité fit son apparition dans la vie internationale : la nation (les peuples) luttant pour leur libération.

Jusqu'à présent, la pratique internationale confirme la qualité de sujet de droit, au-delà des États souverains, pour les nations qui luttent pour leur libération, qui participent à la conclusion de traités ayant un intérêt légitime pour elles, ainsi que pour les organisations internationales, qui participent à la conclusion de traités internationaux dans la limite de leurs compétences et fonctionnent sur la base d'un traité constitutif. De même, des entités à caractère étatique comme le Vatican et l'Ordre de Malte concluent des traités à caractère religieux avec différents États

[1] Raluca Miga-Beşteliu, *Drept internaţional, Introducere în dreptul internaţional publi*c, Bucureşti, Editura All, 2003, p. 82.

sur un pied d'égalité et entretiennent des relations diplomatiques par l'intermédiaire d'ambassades et de légations. La question de la qualité de sujet de droit international pour les individus, ainsi que pour certaines associations internationales non gouvernementales et les entreprises transnationales, reste toutefois controversée.

En droit international, la notion de sujet de droit présente des particularités essentielles en comparaison avec le droit interne. Ces particularités, qui concernent la nature, la base, le contenu juridique et le champ d'application, déterminent les principales différences entre les concepts de sujet de droit international et de sujet de droit interne.

Le fait que les relations internationales se déroulent avec la participation directe des États en tant qu'entités souveraines et indépendantes, égales en droits, exclut l'existence dans ce domaine d'un « organe supranational » ou d'un « gouvernement » chargé de déterminer, de réglementer ou d'attribuer la qualité de sujet de droit international. Cette qualité appartient avant tout à l'État en vertu de sa souveraineté. Elle peut également appartenir à d'autres entités (peuples luttant pour leur libération, organisations internationales gouvernementales et non gouvernementales, sociétés transnationales, etc.), dans la mesure et les limites déterminées par les États membres de la communauté internationale.

La qualité de sujet du droit international définit la situation juridique d'une entité en tant que titulaire de droits et d'obligations internationales.[1] Cette qualité ne constitue cependant pas seulement une tendance ou une capacité juridique abstraite et ne peut être définie en dehors de la réalité des rapports de droit international dans lesquels elle se manifeste et s'exerce. Au contraire, elle existe pour les États ou autres entités par leur participation directe en tant que sujets de rapports dans lesquels ils exercent les droits et remplissent les obligations assumées, car

[1] C. Andronovici, *Dreptul internaţional public*, Iaşi, Editura Chemarea, 2004, p. 112.

« la personnalité internationale signifie seulement la capacité à être porteur de droits et d'obligations en droit international »[1].

Les caractéristiques des relations internationales sont toutefois déterminées par la situation juridique des sujets participants, par leur position par rapport au droit international ; ainsi, l'État — sujet principal, primaire et originel, fondamental — possède cette qualité non en vertu du droit international ou des réglementations juridiques, mais en raison de sa souveraineté, grâce à laquelle il participe au processus normatif, à la formation des relations internationales et à la détermination de la situation juridique d'autres entités sur le plan international. Pour ces raisons, le sujet de droit international est à la fois « le destinataire des normes juridiques internationales »[2] et « le titulaire de droits et d'obligations »[3] ou encore « le titulaire de la capacité juridique »[4].

L'État est une entité souveraine dotée de la personnalité juridique et ne nécessitant aucune reconnaissance extérieure. C'est la souveraineté qui confère à l'État la personnalité juridique internationale, l'aptitude à agir dans le cadre de la communauté internationale par l'exercice de droits et l'acceptation d'obligations.

Les organisations internationales gouvernementales, puisqu'elles sont créées par les sujets originaires, détiennent cette qualité dans la mesure et les limites que déterminent les États ; elles sont l'expression et le résultat de l'accord de volonté des États concernant leurs droits et obligations, ceux d'autres sujets, ainsi que le cadre juridique des relations entre les entités participant à la vie internationale avec des droits et obligations directs.

---

[1] G. Schwarzenberger, *International Law and Order*, London, Stevens, 1971, p. 53.

[2] M. Sorensen, *Principes de droit international public*, Académie de droit international. Recueil des cours, CADI, III, 1960, p. 127.

[3] *Dictionnaire de la terminologie du Droit International*, dir. J. Badevant, Paris, Sirey, 1960. pp. 447-448.

[4] H. Mosler, Réflexions sur la personnalité juridique en droit international public, Paris, Pedone, *Mélanges à H. Rolin. Problèmes des droits des gens*, 1964, pp. 237-238.

Dans la littérature juridique spécialisée, il existe des opinions controversées quant aux exigences qu'une entité doit remplir pour pouvoir être un sujet de droit international. Dans un sens général, le sujet de droit international est le titulaire de droits et d'obligations internationaux, participant aux relations régies par les normes du droit international.[1]

Les sujets des relations internationales sont cependant toutes les entités participant à la vie internationale, avec des droits et obligations directs[2] ; ainsi, l'énumération est bien plus large que celle des sujets de droit international public, incluant les relations commerciales internationales régies par le droit international privé ainsi que les relations d'un caractère juridique moins prononcé.

Une autre définition[3] indique trois éléments essentiels de la « qualité de sujet d'un système de droit » : que le sujet ait des obligations, soit capable de réclamer le bénéfice de ses droits et ait la capacité d'entrer en rapport juridique avec d'autres personnes juridiques reconnues par le système juridique particulier. L'État possède cependant une caractéristique essentielle qui lui confère la qualité de sujet : la souveraineté, dont l'équivalent pour les nations est le droit à l'autodétermination, tandis que pour les organisations internationales, c'est le consentement des États.

D'autres auteurs définissent les sujets de droit international comme les destinataires des règles de droit international, en vue de leur imposer directement des obligations ou de leur attribuer des droits[4] (définition qui conduit à la conclusion que l'individu peut être un sujet de droit international), mais aussi que le sujet de droit international dépend directement du droit international, est apte à être titulaire de droits internationaux, à être lié par des obligations internationales et à avoir accès aux procédures

---

[1] Ion Diaconu, *Tratat de drept internaţional public*, Bucureşti, Editura LEX, vol. I, 2002, p.78.

[2] *Dicţionar de Drept Internaţional Public*, coord. I.Cloşca, Bucureşti, Editura Ştiinţifică şi Enciclopedică, 1982, p. 282.

[3] N. Mugerwa, *Subjects of International Law. Manual of Public International Law*, red. M. Sorensen, New York: St. Martin's Press, 1968, p. 249.

[4] *Dictionnaire de la terminologie du droit international*, dir. J. Badevant, Paris, Sirey, 1960, p. 448.

internationales. Il doit donc remplir un double critère : être titulaire de droits et obligations établis et sanctionnés directement par ce droit. [1] Ainsi, la majorité des auteurs considèrent essentielle l'aptitude à être titulaire de droits et obligations selon le droit international, ainsi que la « responsabilité internationale », ce qui permet aux sujets des relations internationales de disposer de la capacité d'agir directement, au moyen de procédures appropriées du droit international, pour faire valoir le respect de leurs droits dans ces relations, en ayant la capacité « d'avoir un accès direct aux procédures internationales pour défendre leurs droits (soit devant des instances judiciaires internationales, soit au sein d'organisations internationales) »[2].

Aujourd'hui, la théorie de la pluralité des sujets du droit international prédomine, contrairement à la doctrine d'avant la Première Guerre mondiale, période durant laquelle la majorité des auteurs considéraient l'État comme l'unique sujet de droit international, et à la doctrine soviétique des années 1950-1960, selon laquelle seuls les États et les peuples en lutte pour leur indépendance étaient reconnus comme sujets de droit international.

Selon cette théorie, en droit international, aux côtés des États, existent également d'autres sujets de droit international qui ne se situent toutefois pas sur un pied d'égalité avec les États. Ceux-ci incluent les organisations internationales intergouvernementales, les nations en lutte pour la libération nationale, le Vatican, la Commission européenne du Danube ou la Confédération d'États, à qui certains auteurs reconnaissent une personnalité juridique partielle et « atypique »[3].

Cela ne signifie cependant pas que toutes les entités dotées de personnalité internationale soient identiques. Dans son avis consultatif de 1949 sur la « Réparation des dommages subis au service des Nations Unies », la CIJ souligne : « Les sujets de droit, dans un système juridique, ne sont pas nécessairement

[1] Paul Reuter, *Principes de droit international public*, Paris, Presse Universitaires de France, 1980, p. 175.

[2] Niciu M.I., *Drept Internaţional Public*, Arad, Editura Servosat, 2001, p. 120.

[3] Mosler H., « Réflexions sur la personnalité juridique en droit international public », Paris, Pedone, *Mélanges à H. Rolin. Problèmes des droits des gens*, 1964, pp. 231-233.

identiques quant à la nature ou à l'étendue de leurs droits ; leur nature dépend des besoins de la communauté »[1]. L'ONU, par exemple, ne peut être assimilée à cet égard aux États, bien que le statut de droit international de l'ONU soit aujourd'hui incontestable.

Ainsi, la qualité de sujet primaire de droit international public doit être reconnue au peuple, aux États, aux organisations interétatiques, aux nations en lutte pour la libération nationale représentées par les organes de la libération nationale, tandis que la qualité de sujet secondaire peut être attribuée aux corporations transnationales, aux personnes physiques et morales participant au circuit économique international, ainsi qu'aux organisations interétatiques non gouvernementales.

Dans le système des sujets de droit international, l'État constitue un sujet fondamental, possédant cette qualité en vertu de sa situation d'entité politique souveraine, qui, par un accord de volonté, crée le droit international et détermine le statut juridique des autres participants aux relations internationales. C'est pourquoi l'État est considéré comme le sujet primordial, originel par rapport aux autres entités ayant une personnalité de droit international reconnue par les États, et aussi comme un sujet universel en ce qu'il exerce des droits et assume des obligations dans tout domaine des relations interétatiques.

Des doctrinaires renommés tels que H. Triepel, D. Anzilotti et W.G.F. Phillimore ont soutenu l'idée que seuls les États souverains peuvent être considérés comme des sujets du droit international. H. Triepel[2] a ainsi affirmé que « les États souverains sont les seuls sujets du droit international », tandis que D. Anzilotti défendait « le principe selon lequel seuls les États sont sujets du droit international »[3]. Ils ont par ailleurs rejeté la

---

[1]Avis consultatif sur la réparation des dommages subis au service des Nations Unies (site spécialisé //www.un.org) ; C.I.J. Recueil des arrêts, avis consultatifs et ordonnances, 1949, p. 178.

[2] Triepel H., *Les rapports entre le droit interne et le droit international*, RCADI, vol. I, 1923. p. 82.

[3] Anzilotti D., *Cours de Droit international. Premier volume. Introduction – Théories générales*, Paris, Sirey, 1929, p. 123 ; voir aussi, dans ce sens, W.G.F Phillimore, *Droits et devoirs fondamentaux des Etats*, RCADI, vol. I, 1923. p. 33.

perspective avancée par des juristes comme G. Scelle et N. Politis, qui reconnaissaient également cette qualité aux individus. Après la Première Guerre mondiale, cependant, certaines organisations internationales, notamment la Société des Nations et l'Organisation Internationale du Travail, ont été investies de prérogatives typiques des sujets de droit international. Ainsi, dans la doctrine juridique roumaine de l'entre-deux-guerres, certains auteurs[1] reconnaissaient cette qualité aux États, ainsi qu'à d'autres entités considérées cependant comme des « personnes artificielles » telles que le Vatican et la Société des Nations ; d'autres auteurs attribuaient également aux individus, aux côtés des États, une personnalité juridique internationale, limitée et spéciale.[2]

Dans la période d'après-guerre, l'évolution des relations internationales vers une démocratisation accrue et l'augmentation du rôle de tous les États, nations et peuples dans la vie internationale ont suscité le besoin d'une nouvelle conception reconnaissant également à d'autres entités, en plus des États, la qualité de destinataires des normes de droit international et la capacité de participer aux relations régies par ces normes. Le développement continu du droit international, le processus d'instauration d'un nouvel ordre économique et politique, ainsi que la démocratisation des relations internationales sont indissociables du perfectionnement des normes et principes destinés à régir les relations interétatiques.

Il faut souligner que les relations juridiques entre États ne s'établissent qu'après un acte de reconnaissance officialisant l'établissement de relations diplomatiques[3], avec toutes les implications qu'elles entraînent : développement des relations conventionnelles bilatérales, protection diplomatique des citoyens, traitement direct des réclamations en cas de préjudices,

---

[1] G. Sofronie, *Curs de drept internaţional public*, Cluj, R. Cioflec, 1936, pp. 63, 69, 112 ; G. Plastara, *Manual de Drept internaţional public. Drept internaţional privat*, Bucureşti, Editura All Beck. 2004, pp. 53, 108.

[2] Paul Negulesco, *Principes du droit international administratif*, Paris, 1935, p. 26.

[3] Pour plus de détails, voir Livia Dumitrescu, *Drept diplomatic şi consular*, note de curs, Craiova, Editura Aius, 2008, pp. 20-21.

etc. Ainsi, la reconnaissance permet aux États reconnus d'exercer leurs droits souverains et de participer à la vie internationale.

Indépendamment de leur structure, les États sont des sujets de droit international égaux en droits. Cependant, dans le cas d'un État composé, des questions peuvent se poser quant à la détermination du sujet de droit international et de sa capacité juridique. Il est donc nécessaire de préciser si seul l'État composé possède la qualité de sujet de droit international ou si cette qualité appartient également aux États qui le composent, ainsi que les limites de leur capacité.

Dans le système des sujets de droit international, l'État est un sujet fondamental, possédant cette qualité en vertu de son statut d'entité politique souveraine, qui, par un accord de volonté, crée le droit international et détermine le statut juridique des autres participants aux relations internationales. C'est pourquoi l'État est considéré comme le sujet primordial et originel par rapport aux autres entités possédant une personnalité de droit international reconnue par les autres États, et comme un sujet universel en ce qu'il exerce ses droits et assume ses obligations dans tous les domaines des relations interétatiques. À cet égard, certains auteurs qualifient également l'État de sujet typique[1], normal du droit international, par opposition à d'autres sujets atypiques, de « création artificielle »[2] ou dérivés[3].

Ainsi, les sujets primaires et originels sont les États. Ils sont les créateurs et les principaux destinataires des normes et principes fondamentaux du droit international. Les États sont également définis comme des sujets directs dotés de la pleine capacité, ayant la prédilection « d'être partie de tout rapport juridique international »[4].

Les sujets dérivés incluent les entités impliquées dans les relations juridiques internationales auxquelles les États accordent

---

[1] G. Schwarzenberger, *International law and order*, London, Stevens, 1971, p. 55.

[2] G. Plastara, *Manual de Drept internaţional public* (cuprinzând şi o expunere a conflictelor de legi. Drept internaţional privat. Îngrijită de Popa V.V.), Bucureşti, Editura All Beck, 2004, pp. 53,108.

[3] H. Mosler, *Réflexions sur la personnalité…*, op. cit., p. 243.

[4] L. Takacs, M. Niciu, *Drept internaţional public*, Bucureşti, Editura Didactică şi Pedagogică, 1976, p. 65.

un statut par leur accord de volonté. Cette catégorie comprend les organisations internationales intergouvernementales, les nations luttant pour leur libération, ainsi que le Vatican.

Dans les catégories de sujets de droit international, un nouveau sujet apparaît : le peuple, en tant que détenteur des droits et obligations souverains, exerçant ses droits et remplissant ses obligations souveraines directement ou par le biais de ses organes représentatifs. La souveraineté nationale suppose précisément la reconnaissance d'une communauté humaine concrète en tant que nation, avec le droit de disposer de son propre destin, de son territoire, de ses ressources, et de décider librement de la forme de gouvernement et du régime d'État. La forme suprême de l'expression de la souveraineté nationale est le droit à l'autodétermination.

Les peuples, les États, les nations luttant pour leur libération nationale, et les organisations internationales intergouvernementales participent, directement ou indirectement, à la création des normes de droit international. Ils sont détenteurs et titulaires des droits et obligations découlant des traités et accords internationaux. Tous ces sujets opèrent dans les territoires des États concrets pour exécuter les traités et accords auxquels ils sont parties et, par leurs actions, influencent souvent de manière décisive le processus de création des normes de droit international.

Dans le cas des nations luttant pour la libération, leur qualité de sujet de droit international ne dépend pas de leur reconnaissance, mais appartient de manière égale à toutes les nations, en vertu de leur droit à l'autodétermination, qui constitue le fondement politique et juridique de leur personnalité internationale. Grâce à ce droit de décider de leur propre sort, chaque nation détient des droits et obligations internationaux et bénéficie directement de la protection des normes de droit international.

Pour les nations en lutte pour la libération, la qualité de sujet de droit international est à la fois limitée et temporaire, autant dans son contenu que dans son champ d'application. En termes de champ d'action, elle s'exerce uniquement dans certains domaines et se maintient jusqu'à l'obtention de l'indépendance, aboutissant à la création d'un nouvel État qui jouira d'une pleine personnalité juridique internationale, capable d'acquérir des droits et de contracter des obligations dans tous les domaines de la vie internationale.

En ce qui concerne la personnalité juridique des organisations internationales intergouvernementales, celle-ci possède généralement deux caractéristiques essentielles. D'abord, elle repose sur le principe de spécialité, signifiant que l'organisation internationale exerce ses compétences et agit dans les limites prévues par son statut. Ensuite, la personnalité juridique de ces organisations est de nature fonctionnelle.

La personnalité juridique internationale des organisations internationales ne peut pas être établie a priori et n'est pas identique en contenu pour toutes les organisations. Elle dépend du domaine d'activité et de l'étendue des compétences de chaque organisation internationale. Pour atteindre leurs objectifs, les organisations internationales doivent pouvoir conclure des actes juridiques, acquérir des droits et contracter des obligations, conformément au droit international, ester en justice pour faire valoir leurs éventuelles prétentions, et disposer d'un statut juridique international qui renforce leur position, incluant certains privilèges et immunités. Outre ces capacités fondamentales liées à la personnalité juridique internationale, elles peuvent également entretenir des relations diplomatiques.

Le statut international du Vatican et de l'Ordre de Malte implique la reconnaissance comme sujets de droit international d'entités qui ne sont pas des États avec une organisation essentiellement territoriale, mais qui, en raison de la reconnaissance d'autres États et de l'exercice de droits et obligations internationaux dans des sphères d'activité limitées, peuvent être considérées comme des sujets acceptés par les États dans les relations internationales.

En raison de sa nature consensuelle et interétatique, le droit international exclut en principe un lien direct entre ses normes et les individus, même si, dans certains cas, des individus peuvent être titulaires de droits et d'obligations dans leurs rapports juridiques directs avec certains sujets de droit international. Pour que l'individu soit reconnu comme sujet des rapports juridiques de droit international public, une transformation de la société internationale serait nécessaire, estompant le rôle central de l'État. Cependant, bien que l'individu ne bénéficie pas de la personnalité juridique internationale, il jouit d'un certain statut dans les relations internationales, dont nous parlerons par la suite.

La qualité de sujet de droit international public ne s'applique pas non plus à certaines organisations non gouvernementales, telles que l'Organisation internationale de la police criminelle (INTERPOL) ou le Comité international de la Croix-Rouge (CICR), bien qu'elles soient des sujets des relations internationales. En effet, elles coopèrent avec les gouvernements des États selon les normes actuelles de droit international, participant activement aux relations internationales et contribuant, pour certaines, à la formation du droit international.

Ainsi, le droit international public contemporain, encore dominé par les concepts du droit international classique, ne reconnaît comme sujets de droit international public que les entités publiques, considérées comme les auteurs de l'acte juridique. Les individus, les personnes morales, les sociétés transnationales et les organisations internationales non gouvernementales, bien qu'ils soient des participants aux relations internationales et qu'ils contribuent, directement ou indirectement, à la formation des normes de droit international, n'ont pas d'influence décisive.

Il est vrai que les entreprises multinationales sont soumises à certaines obligations lorsqu'elles opèrent sur le territoire d'États autres que celui d'origine, et que les organisations non gouvernementales peuvent entreprendre des actions en qualité d'agents de la société internationale. Cependant, aucune de ces entités ne dispose d'une réelle capacité juridique, laquelle, dans le cas des États, repose sur leur souveraineté, et pour les organisations gouvernementales, sur la force juridique conférée par les statuts établis par les États membres, en vertu de leur propre souveraineté.

2. L'évolution de l'État dans les relations internationales : de sujet unique à acteur principal

L'État est un phénomène historique, politique et juridique, défini comme une collectivité humaine, installée de manière permanente sur un territoire donné et disposant d'une structure d'organes de pouvoir jouissant de la souveraineté.[1] Le but principal de l'État est la défense de l'intérêt général (le bien commun)[2] à travers un système organisationnel propre qui réalise la direction politique d'une société, détenant à cette fin le monopole de la création et de l'application du droit[3].

Au fil de l'histoire, les États se sont formés à la suite de guerres et de conquêtes de territoires, par partage successoral ou par mariages entre familles monarchiques.[4] Avec l'émergence et la consolidation de la bourgeoisie, de nouveaux États sont apparus grâce aux luttes pour l'indépendance nationale. Ainsi, sont nés des États-nations unifiés comme l'Italie et l'Allemagne, ou des États indépendants qui se sont formés par la dislocation d'empires (empire ottoman, empire habsbourgeois). Par ailleurs, de nombreux États se sont formés par la séparation de colonies des métropoles ou par la désintégration de certains États fédératifs (URSS, Yougoslavie, Tchécoslovaquie).

La création d'un État indépendant doit être fondée sur le principe de l'égalité en droits des peuples et de leur droit à disposer d'eux-mêmes. La violation de ce droit et le non-respect du principe de non-ingérence dans les affaires intérieures des États constituent des actes illicites qui peuvent être contestés et sanctionnés selon le droit international. Les nouveaux États jouissent de la qualité de sujet de droit international dès leur création, les autres États devant respecter leurs droits souverains. La reconnaissance de l'État comme sujet de droit international s'exprime par l'ensemble des droits et obligations découlant de son appartenance à la communauté internationale et par l'obligation volontaire de les respecter.

---

[1] Pour les détails relatifs aux théories sur l'Etat, les éléments constitutifs et les caractéristiques, voir Dan Claudiu Dănişor, *Tratat de Drept constituţional şi instituţii politice*, vol. I, editura C.H. Beck, Bucureşti, 2007, pp. 22 et s.

[2] « Si les citoyens ne vont pas bien, si leur objectif subjectif n'est pas satisfait, s'ils ne trouvent pas que la médiation de cette satisfaction constitue l'État lui-même, en tant que tel, alors l'État repose sur des jambes faibles. » G. Hegel, *Principiile filosofiei dreptului*, Bucureşti, Editura IRI, 1996, p. 291.

[3] G. Vrabie, *Drept constituţional şi instituţii politice contemporane*, 2 vol., Iaşi, Editura TEAM, vol. 1, 1995, p. 52.

[4] Ion M. Anghel, *Subiectele de drept internaţional*, Bucureşti, Editura Lumina-Lex, 1998, p. 52.

Le principe de non-intervention interdit toute action coercitive tierce, directe ou indirecte, dans les affaires intérieures ou extérieures d'un État ; la notion d'affaires intérieures se réfère ici au domaine réservé à l'État, c'est-à-dire le domaine dans lequel sa liberté d'action n'est pas limitée par des obligations issues du droit international.[1]

Contrairement aux autres sujets de droit international, seuls les États possèdent l'ensemble des droits et obligations à caractère international. Les États ne sont pas seulement des sujets du droit international, mais également des créateurs de ce droit. La qualité de personnalité juridique internationale de l'État se caractérise par des éléments intrinsèques : par sa souveraineté sur son territoire et sur les personnes qui s'y trouvent.

La majorité des auteurs considère que trois éléments fondamentaux constituent l'existence de l'État : deux de nature sociologique – la population et le territoire – et un de nature juridique – l'existence d'un gouvernement ; mais la double qualité de l'État, de sujet de droit interne et international[2], est conférée par le caractère souverain de son pouvoir. Sur la base de ce pouvoir, l'État a le droit de gouverner la société à l'intérieur et d'établir des relations avec d'autres États à l'extérieur, dans des conditions d'égalité totale.

La souveraineté. La réunion des trois éléments : population, territoire et gouvernement caractérise l'État du point de vue politique et social, mais la doctrine indique que le critère de l'existence de l'État devrait être un élément de nature juridique – la souveraineté. Ainsi, la souveraineté constitue l'élément définitoire de l'existence de l'État, se manifestant dès sa création et représentant « la suprématie unique, totale et indivisible du pouvoir de l'État dans les limites des frontières territoriales et son indépendance par rapport à tout autre pouvoir »[3].

En vertu de leur souveraineté, les États ont le droit de choisir et de promouvoir librement leur système politique, économique, social et culturel, d'organiser leur vie politique, économique et

---

[1] Carmen Gina Achimescu, Ion Gâlea, *Drept internațional public*, ed. Hamangiu, 2023, p. 77.

[2] D. Carreau, *Droit international*, Paris, A. Pedone, 7-e édition, 2001, p. 17.

[3] Ion M. Anghel, *Subiectele de drept internațional*, București, Editura Lumina-Lex, 1998, p.107.

sociale conformément à la volonté et aux intérêts du peuple, sans ingérence extérieure, et de choisir sa propre politique intérieure et étrangère [1], ayant le dernier mot dans tous les domaines[2].

Le respect mutuel de la souveraineté et de l'indépendance nationale dans les relations entre les États, ainsi que dans le processus de coopération et de collaboration entre eux, constitue une condition sine qua non de relations normales et viables, de même qu'un climat de paix et de compréhension entre les nations.

Nous ne nous attarderons pas sur les éléments constitutifs et nécessaires de l'État, ceux-ci étant largement analysés dans les disciplines du Droit constitutionnel et des Institutions politiques ainsi que dans le cadre du Droit international public.

La reconnaissance des États. La reconnaissance est l'un des concepts du droit international les plus difficiles à définir. En droit international, la reconnaissance est comprise comme un acte unilatéral par lequel un État constate l'existence de certains faits ou actes pouvant affecter ses droits, obligations ou intérêts politiques et déclare expressément ou admet implicitement que ceux-ci constituent des éléments sur lesquels seront basées ses futures relations juridiques avec la nouvelle entité ou situation.

La reconnaissance a également été définie comme « le procédé par lequel un sujet de droit international, en particulier un État, qui n'a pas participé à la création d'une situation ou à l'adoption d'un acte, accepte que cette situation ou cet acte lui soit opposable ; autrement dit, admet que leurs effets juridiques lui soient applicables »[3].

Pour être reconnue en tant qu'État, une nouvelle entité doit réunir les caractéristiques nécessaires à l'existence d'un État, mais pour que cette existence soit opposable à un autre État, il est nécessaire que cet État reconnaisse cette existence. Dans cette perspective, nous pouvons définir la reconnaissance d'un nouvel

---

[1] *Encyclopedia of Public International Law*, Vol. III, Amsterdam - Lausanne - New-York - Oxford - Shannon - Singapore - Tokyo, 1997, p. 376.

[2] P.M. Dupuy, *Droit international public*, 5e édition, Paris, Dalloz, 2000, p. 91.

[3] Nguen Quoch Dinh, Alain Pellet, Patrick Daillier, *Droit international public*, Paris, Edition LGDJ, 1987, p. 490.

État comme un acte juridico-politique unilatéral[1] par lequel un ou plusieurs États admettent, explicitement ou tacitement, qu'ils considèrent une nouvelle entité juridique comme un État et, en conséquence, lui reconnaissent la personnalité juridique internationale, c'est-à-dire la capacité d'acquérir des droits et de contracter des obligations internationales.

La reconnaissance a un caractère facultatif et découle de la souveraineté de l'État.[2] Les États ont le droit, mais non l'obligation, de reconnaître une nouvelle entité. Ainsi, la reconnaissance constitue un acte discrétionnaire, car les États peuvent refuser la reconnaissance lorsqu'ils constatent qu'un territoire a été acquis de manière illégale. Bien que la reconnaissance dépende de l'appréciation discrétionnaire des États, cet acte ne doit pas devenir arbitraire. Tant la reconnaissance que son refus doivent être conformes aux principes du droit international. La pratique de non-reconnaissance de certains États peut être considérée comme inamicale, créant des obstacles à la normalisation des relations entre les États et favorisant les facteurs qui s'opposent à l'évolution de la société internationale.[3]

Dans la doctrine du droit international public, deux théories de la reconnaissance existent : constitutive et déclarative. La première théorie a été formulée par le ministre des Affaires étrangères de l'Équateur le 15 mars 1907 et est connue sous le nom de « Doctrine Tobar ». Cette théorie accorde une importance décisive à l'acte de reconnaissance dans le processus de constitution du nouvel État en tant que sujet de droit international. Selon cette théorie, si l'acte de reconnaissance

---

[1] En droit international coutumier, il n'existe aucune obligation de reconnaître un nouvel État. Par exemple, le traité de Berlin de 1878 a reconnu l'indépendance de la Roumanie, de la Serbie, de la Bulgarie et du Monténégro (sous condition du respect de la liberté de conscience et de religion des minorités de ces pays) ; par le Traité de Versailles de 1919, la reconnaissance de la Tchécoslovaquie et de la Pologne fut légiférée ; comme exemple de reconnaissance collective peut être cité la reconnaissance par la Communauté économique européenne, le 15 janvier 1992, de la Slovénie et de la Croatie.

[2] Franck M.T., *Fairness, International law and institutions*, Oxford, 1995, p. 96.

[3] Ion M. Anghel, *Subiectele de drept internaţional*, Bucureşti, Editura Lumina-Lex, 1998, p. 216.

existe, alors le nouvel État devient un sujet de droit international ; en l'absence de cet acte, il n'y a pas de nouveau sujet.

La théorie déclarative, quant à elle, affirme que par l'acte de reconnaissance, un nouvel État n'est pas créé en tant que sujet de droit international ; cet acte n'est qu'une déclaration constatant l'apparition d'un sujet de droit international. La reconnaissance est donc un acte déclaratif et non constitutif, dans le sens où cet acte constate l'existence d'un nouvel État, lequel existe en vertu de sa création et non comme résultat de l'acte de reconnaissance. Ainsi, l'État devient un sujet de droit international par son existence même, et l'acte de reconnaissance n'a pas un impact décisif sur sa qualité de sujet de droit international. La reconnaissance ne confère pas de personnalité internationale à l'État nouvellement reconnu, mais elle contribue au développement et à la promotion des relations de droit international par cet État. L'État, dès sa création et indépendamment de l'acte de reconnaissance, bénéficie de droits et d'obligations internationaux en sa qualité de sujet de droit international, pouvant participer à la conclusion de traités, à des conférences et à des organisations internationales, entre autres.[1]

Du point de vue des modalités, la reconnaissance peut prendre deux formes : expresse ou tacite. La reconnaissance expresse est faite par un acte spécial de l'organe compétent de l'État – une déclaration ou une notification formelle – adressé au nouvel État, exprimant clairement l'intention de le reconnaître.[1] La reconnaissance tacite, quant à elle, peut être déduite des actes concluants d'un État, tels que l'établissement de relations diplomatiques[2] ou la conclusion d'un traité bilatéral qui régit une question générale sans émettre de réserves sur la reconnaissance, et elle est pratiquée par les États latino-américains[3].

L'établissement de relations diplomatiques est considéré comme particulièrement important pour les relations bilatérales, mais il peut précéder la création d'une représentation

---

[1] P. Reuter, *Droit international public*, Paris, Presse Universitaires de France, 1983, pp. 178-179.

[2] Livia Dumitrescu, *Drept diplomatic şi consular*, Editura Aius, Craiova, 2008, p. 21.

[3] C. Andronovici, *Dreptul internaţional public*, Iaşi, Editura Chemarea, 2004, p. 131.

diplomatique, souvent désignée par le terme générique de mission diplomatique, qui suppose un consentement mutuel.[1]

Du point de vue des effets produits, la reconnaissance se divise en deux types : *de jure* et *de facto*.[2] Tant la reconnaissance *de jure* que la reconnaissance *de facto* s'expriment par l'acte officiel de l'État qui accorde la reconnaissance. La distinction entre ces deux formes réside généralement dans l'étendue des effets juridiques de la reconnaissance.

Dans le cas de la reconnaissance *de facto*, les relations entre l'État qui reconnaît et celui qui est reconnu sont ont une portée plus étroite e, ayant un caractère instable et provisoire, en ce sens qu'elle opère dans les domaines convenus par l'État qui l'accorde (coopération économique internationale). La reconnaissance *de facto* est incomplète, constituant une phase préliminaire à la reconnaissance *de jure*. N'étant pas définitive, la reconnaissance *de facto* peut être révoquée.[3]

Un État peut accorder cette forme de reconnaissance s'il souhaite, pour une raison quelconque, différer la reconnaissance pleine et définitive. Cela peut être dû à des doutes sur la viabilité du nouvel État, ou à une réticence de la part de ce nouvel État à accepter des obligations en vertu du droit international, ou encore au refus de résoudre des problèmes proéminents. La reconnaissance *de jure* d'un État est complète et définitive. Elle est irrévocable, car ses effets s'éteignent uniquement avec la cessation de la qualité de sujet de droit de l'État reconnu.

Cette forme de reconnaissance a pour effet de reconnaître pleinement la personnalité juridique du nouvel État, tout ce qui résulte de l'exercice de sa souveraineté, ainsi que l'établissement de relations internationales dans différents domaines, en particulier les relations diplomatiques et consulaires, la conclusion de traités bilatéraux, etc.[4]

---

[1] Gabriel Micu, *Evoluții în dreptul diplomatic și consular în era globalizării*, ed. Universul Juridic, 2022, p. 13.

[2] Raluca Miga-Beşteliu, op.cit., p. 107.

[3] Ion M. Anghel, *Drept diplomatic şi consular*, Bucureşti, Editura Lumina-Lex, 1996, p. 58.

[4] Ion M. Anghel, *Subiectele de drept internaţional*, Bucureşti, Editura Lumina-Lex, 1998, pp. 229-230.

En matière de reconnaissance, la doctrine et la pratique affirment que la participation d'un État non reconnu à des conférences internationales ou son admission dans une organisation internationale ne constitue pas une reconnaissance individuelle ou collective de cet État par d'autres États. De même, le fait qu'un État devienne partie à un traité multilatéral général ne constitue pas une reconnaissance par d'autres États.

Les relations juridiques entre États ne s'établissent donc qu'après l'acte de reconnaissance en vue de l'établissement de relations diplomatiques, avec toutes leurs implications, le développement de relations conventionnelles bilatérales, la protection diplomatique des citoyens, la présentation directe de réclamations en cas de dommages, etc. La reconnaissance représente ainsi un moyen de faciliter l'exercice des droits souverains des États reconnus et leur participation à la vie internationale.

Une question particulièrement actuelle est devenue celle du statut juridique des États autoproclamés, apparus notamment dans l'espace post-soviétique (Abkhazie, Ossétie, Transnistrie, Haut-Karabagh) et post-yougoslave (Kosovo). Les événements récents montrent que la pratique et la doctrine abordent cette question de manière différente – allant de la demande de reconnaissance par la communauté internationale à la négation absolue de la légalité de ces formations étatiques.

3. Structures étatiques complexes : classification et fonctions en droit international

L'État, en tant que phénomène social, a connu au cours de son développement historique diverses formes. Cependant, du point de vue du droit international, les États se classifient en fonction de leur structure ainsi que des attributions des organes qui les représentent dans les relations internationales. Dans le cas d'une fédération, la politique étrangère est de la compétence des organes fédéraux, tandis que dans le cas d'une confédération, les États membres conservent leur qualité de sujets des relations juridiques internationales.

Selon leur structure, les États se classifient en États unitaires, prédominants dans l'organisation des États européens, et en États composés.

L'État unitaire représente une unité étatique simple, avec une autorité publique unique et une compétence intégrale. Il se caractérise par l'existence d'un seul système d'organes suprêmes du pouvoir, de l'administration et de la justice. Même si un État unitaire est divisé en unités territoriales ou si celles-ci possèdent un degré plus ou moins élevé d'autonomie locale, cela ne modifie pas la structure de l'État.[1] La grande majorité des États du monde sont organisés en tant qu'États unitaires. Dans les relations internationales, l'État unitaire apparaît comme un sujet unique de droit international.

Les États composés représentent des associations entre deux ou plusieurs États. Au cours de l'histoire, les États composés ont connu une variété de formes d'association, allant des formes simples ou traditionnelles telles que les « unions personnelles » et les « unions réelles », jusqu'aux fédérations et confédérations.

Il convient de noter qu'en vertu du droit international, il n'existe pas de différences entre les États en tant que sujets de ce droit, qu'il s'agisse d'États unitaires ou composés.[2] En effet, quel que soit leur structure, les États sont des sujets de droit international et sont égaux en droits. Cependant, dans le cas d'un État composé, des problèmes peuvent surgir concernant la détermination du sujet de droit international et de sa capacité juridique. Ainsi, il doit être établi si seul l'État composé a la qualité de sujet de droit international ou si cette qualité appartient également aux États qui composent cet État, ainsi que les limites de leur capacité.[3]

Pour mieux comprendre le concept actuel de l'État, il est nécessaire d'énoncer les formes suivantes des États composés : l'union personnelle, l'union réelle, la confédération et la fédération.

---

[1] Grigore Geamănu, *Drept Internaţional contemporan*, Bucureşti, Editura Didactică şi Pedagogică, 1995, p. 287.

[2] J. Kunz, *The Shanging Law of Nations*, Ohio, 1968, pp. 275-279.

[3] Ion M. Anghel, *Subiectele de drept internaţional*, Bucureşti, Editura Lumina-Lex, 1998, p. 125.

L'union personnelle consiste en l'association de deux États ayant le même chef d'État ou monarque.[1] Ce type d'union a constitué une association entre deux États souverains qui continuaient à rester complètement autonomes, mais qui étaient dirigés par un seul monarque.

L'union personnelle fait référence à la situation internationale de deux États qui, bien qu'étant théoriquement distincts l'un de l'autre, se retrouvent en fait sous le même souverain.[2] Cette union d'États se caractérise par « l'unité assurée par le monarque » et n'implique pas « l'unité de structure » des États composants. En dehors de cet élément, il convient de noter que les États demeurent, sur le plan juridique, des sujets distincts de droit international. De telles unions ont été créées par le passé lorsque le souverain d'un État est devenu également le souverain d'un autre État, par choix[3] ou par succession[4].

L'union personnelle ainsi créée ne devient pas un sujet de droit international. Chaque État composant de l'union conserve sa personnalité juridique internationale, en maintenant sa propre législation, administration et justice, en concluant des traités en son nom, et en ayant des représentations diplomatiques propres. L'union a un caractère précaire et se dissout dès que la coïncidence qui l'a créée disparaît. Dans certains cas, l'union personnelle peut représenter un stade préliminaire à la création d'une union réelle.[5]

---

[1] Grigore Geamănu, op. cit., p. 287.

[2] Ion M. Anghel, *Subiectele de drept internaţional*, Bucureşti, Editura Lumina-Lex, 1998, p. 128.

[3] Par exemple, les unions personnelles entre : la Pologne et la Lituanie (1386-1569), dans lesquelles le souverain commun était à chaque fois choisi par la diète polonaise en tenant compte des lois successorales de la Lituanie ; L'union entre les Pays-Bas et le Luxembourg (1815-1890) a été créée sur la base d'une décision du Congrès de Vienne en 1815. L'union entre l'Espagne et l'Allemagne également, lorsque le roi d'Espagne Charles Ier était également empereur d'Allemagne - 1519 -1556.

[4] Par exemple, l'union de l'Aragon et de la Castille en 1474 par le mariage de Ferdinand V et d'Isabelle ; l'union de la Bourgogne et des Pays-Bas avec l'Autriche réalisée en 1479 à la suite du mariage de Marie, fille de Charles le Téméraire, avec Maximilien de Habsbourg.

[5] Dumitru Mazilu, *Dreptul internaţional public*, 2 vol., Bucureşti, Editura Lumina-Lex, vol. 1, 2001, p. 134.

L'union personnelle d'États n'implique aucune fusion de l'activité internationale des États associés. En conséquence, les rapports juridiques établis entre les deux États sont des rapports de droit international et peuvent être régis par traité. L'union personnelle ne devient pas un État, chaque État est distinct et demeure indépendant l'un de l'autre, conservant sa propre politique, ses alliances et ses traités distincts. De plus, chaque État peut avoir son propre régime constitutionnel et son statut international distinct.[1]

La doctrine classique mentionne que, dans l'hypothèse où il existe un conflit armé entre les États membres de l'union, cela constitue un cas de guerre internationale.[2]

Si, dans le cas des unions d'États, la question de la capacité à conclure des traités se résout généralement en fonction de l'acte constitutif de l'union, dans l'hypothèse d'une union personnelle, chaque membre de l'union demeure un État séparé et il n'existe aucun obstacle pour que chacun d'eux ait la pleine capacité de conclure des traités.

Dans l'histoire du peuple roumain, une union personnelle a été créée en 1600 à travers l'union politique des trois pays roumains - la Transylvanie, la Moldavie et la Valachie - sous un seul dirigeant : Mihai Vodă Viteazul. En outre, en janvier 1859, une union personnelle fut réalisée, à travers l'union de la Valachie et de la Moldavie, sous un seul dirigeant - A.I. Cuza -, sous le nom de « Principautés Unies ». Cette union personnelle avait pour institutions communes : la Commission centrale de Focşani dotée de pouvoirs législatifs et une Cour de cassation.[3] Les pays roumains, cependant, gardaient deux gouvernements et deux parlements, il y avait deux armées, organisées de la même manière pour pouvoir s'unifier si nécessaire.[4]

---

[1] Par exemple, dans le cas de l'union personnelle entre les Pays-Bas et le Luxembourg, les premiers constituaient un État unitaire, tandis que le Luxembourg était membre de la Confédération germanique jusqu'en 1866.

[2] Ion M. Anghel, op.cit., p. 129.

[3] Culegerea „Relaţiile României în documente" (1368-1900), Bucureşti, Editura Politică, 1971, p. 331.

[4] L'union de 1859 a été réalisée sur la base de la Convention de Paris du 19 août 1858, conclue par sept grandes puissances européennes concernant l'organisation des Principautés Unies de Moldavie et de Valachie.

L'institution de l'union personnelle, devenue aujourd'hui une curiosité historique, a été connue sous la forme de son application traditionnelle jusqu'au XIXe siècle. Constituant un type d'association accidentelle et temporaire des États, une création artificielle et peu durable en soi, l'union personnelle a disparu de nos jours. L'union personnelle avait un caractère féodal qui ne pouvait être en harmonie avec la doctrine moderne et surtout avec le droit des peuples à l'autodétermination. Dérivant d'une conception patrimoniale de la souveraineté, elle ne pouvait plus survivre, étant formellement rejetée même par certains traités[1] ou soumise au consentement de la représentation nationale (Roumanie en 1923, Belgique en 1831).

L'union réelle représente l'association de deux ou plusieurs États ayant le même monarque, ainsi que des organes communs de représentation dans le domaine des relations internationales et dans d'autres domaines d'intérêt général (économie, finances, etc.).[2] Les domaines dans lesquels les organes de l'union réelle ont pour fonction l'administration des affaires communes (défense, finances, politique étrangère) sont restreints, tandis que pour les autres domaines, chaque État conserve sa propre compétence.

D'un point de vue constitutionnel, législatif et administratif, chacun des États membres de l'union constitue une unité distincte. Essentiellement, l'union réelle se caractérise par l'organisation politico-juridique parallèle de deux États. Cela s'affirme surtout dans le domaine extérieur, aboutissant pratiquement à une politique étrangère unitaire.[3]

Dans une telle union, la personnalité internationale tant de l'union que des États composants dépend entièrement des arrangements internes des États membres et de l'attitude des États tiers à son égard.

---

[1] Par exemple, les traités de Périne de 1659 et de Londres de 1863, le premier interdisant l'union personnelle en instaurant un monarque unique entre la France et l'Espagne, et le second entre le Danemark et la Grèce.

[2] D. Mazilu, *Dreptul internaţional public*, 2 vol., Bucureşti, Editura Lumina-Lex, vol. 1, 2001, p. 134.

[3] Ion M. Anghel, *Subiectele de drept internaţional*, Bucureşti, Editura Lumina-Lex, 1998, p. 130.

Bien que l'union réelle partage certaines caractéristiques avec l'union personnelle, ses traits propres la définissent comme une institution distincte. L'union réelle représente une union souhaitée et déterminée, et pas seulement occasionnelle. Par conséquent, elle est plus étroite et plus durable.

L'union réelle repose sur une base géographique ou, en d'autres termes, constitue le produit de la proximité, impliquant une certaine contiguïté territoriale entre les participants. À son origine se trouve toujours un acte juridique explicite (traité ou loi interne) par lequel les États associés conviennent d'exercer des activités communes.

L'union réelle représente une communauté de chef d'État ou, en d'autres termes, une communauté stipulée. Les régimes constitutionnels des deux États doivent être similaires. L'union réelle suppose l'existence d'un ou plusieurs organes communs - chef de gouvernement, délégations mixtes au parlement, commissions de défense - chargés de l'administration des affaires communes.

Bien qu'elle ne représente pas un État, l'union réelle a la qualité de sujet de droit international. Elle possède une compétence, créée par la volonté des États membres, qui est dérivée et modifiable et non pas originelle.

Les rapports entre les États membres sont des rapports de droit international et chacun d'eux constitue un sujet distinct de droit international.[1] Ainsi, la Cour permanente de justice internationale s'est prononcée sur la monarchie austro-hongroise, considérée comme une union réelle, au sens où chacun des deux États constitutifs de cette union réelle était non seulement un État séparé en ce qui concerne les affaires internes, mais aussi une personnalité internationale distincte.

Parmi les applications que cette institution a eues, on peut mentionner : l'union entre la Suède et la Norvège (1815-1905) créée sur la base d'un traité, l'union entre l'Autriche et la Hongrie (1867-1918) créée sur la base d'un acte de compromis et de deux lois adaptées dans les deux États, l'union entre le Danemark et l'Islande (1818-1944) créée par une loi danoise, dans laquelle chaque État membre a continué à exercer sa qualité de sujet de

---

[1] Ibidem, p. 131.

droit international dans des domaines d'intérêt propre et dans les limites de son territoire, à l'exception des questions entrant dans la compétence de l'union.[1]

Dans cette forme d'union réelle, la Moldavie et la Valachie ont été unies durant la période 1861-1862, lorsque, en dehors de l'existence d'un seul chef d'État - le souverain A.I. Cuza, des organes communs ont également été formés : un gouvernement et une Assemblée des députés. L'union ainsi créée devient un unique sujet de droit international, tandis que les deux entités composantes restent des provinces avec autonomie administrative.

Contrairement aux unions réelles mentionnées qui se sont dissoutes après un certain temps, les « Principautés Unies » ont constitué d'abord une union personnelle, puis réelle, qui, répondant aux aspirations du peuple roumain, s'est consolidée dans le cadre d'un processus de centralisation étatique continue et a conduit à la création d'un État national unitaire.

La confédération est une association de deux ou plusieurs États, dans laquelle les États conservent leur indépendance et leur qualité de sujet de droit international, tout en créant des organes communs avec des attributions limitées dans des domaines d'intérêt général. Les États membres de cette association maintiennent leurs propres organes législatifs et exécutifs.

La confédération d'États se constitue sur la base d'un traité qui stipule les prérogatives communes, généralement dans le domaine de la défense, des finances et de la politique étrangère. La répartition des compétences se fait par ce pacte fédéral, qui est généralement inégale. Ainsi, les compétences essentielles restent aux États composants, tandis que la Confédération a une

---

[1] La Suède et la Norvège, avec un roi commun et une politique étrangère commune, avaient également leurs propres constitutions et armées, leurs propres drapeaux et frontières douanières, pouvant conclure séparément des traités internationaux ; L'Union austro-hongroise avait pour organes communs : le chef de l'Etat, les ministères des affaires étrangères, des finances et de la guerre, une délégation législative constituée paritairement de députés désignés par les deux parlements, dans le reste, chaque Etat exerçant l'exercice interne et les attributs externes de la souveraineté ; L'union dano-islandaise avait un chef d'État et une représentation extérieure communs, les deux États conservant cependant le statut de sujets de droit international, notamment en ce qui concerne la conclusion de traités.

compétence limitée à l'administration des intérêts expressément déclarés comme communs. En cas d'incertitude, la compétence des États confédérés est considérée comme présumée.

Les États qui s'associent en confédération créent un organe commun, appelé diète ou congrès.[1] La diète représente le seul mécanisme central, qui se présente sous la forme d'une assemblée délibérative de type diplomatique. Les gouvernements donnent à leurs représentants des instructions impératives selon lesquelles ils votent. Chaque délégation dispose d'une voix ou du même nombre de voix. L'adoption des décisions se fait dans des conditions de majorité stricte ou même à l'unanimité des membres de la confédération, sous réserve de l'approbation ultérieure par les États confédérés.

Dans la confédération, il n'y a pas de spécialisation fonctionnelle, la diète exerçant en même temps la compétence législative et les attributions centrales d'ordre exécutif. En principe, l'action confédérale en matière exécutive reste une action indirecte, médiatisée, car les États confédérés mettent en œuvre les décisions de la diète par leurs gouvernements, celle-ci étant dépourvue de tout moyen d'exécution directe vis-à-vis de la Confédération.

À la diète sont conférées plusieurs attributions sur la base de l'accord conclu entre les États membres. Ainsi, la confédération participe aux relations internationales, pouvant déclarer la guerre, conclure des traités de paix, ainsi que recevoir et accréditer des agents diplomatiques. Bien qu'elle ne constitue pas un État, au sens usuel du terme, la confédération a également la qualité de sujet distinct de droit international[2] en raison de ces pouvoirs[3].

Les États confédérés doivent s'abstenir de causer des dommages à la Confédération ; soumettre les différends entre eux aux procédures prévues dans le pacte confédéral ; ne pas déclarer

---

[1] D. Mazilu, *Dreptul internaţional public*, 2 vol., Bucureşti, Editura Lumina-Lex, vol. II, 2002, pp. 134-135.

[2] Gr. Geamănu, *Drept Internaţional Public*, 2 vol., Bucureşti, Editura Didactica şi Pedagogica, vol. 1, 1981, p. 289.

[3] L'Acte final du Congrès de Vienne de 1815, voir aussi A. Preda-Mătăsaru, *Tratat de Relaţii internaţionale moderne şi contemporane (1648-1947)*, Anexe, Bucureşti, Editura Lumina-Lex, vol. 2, 2001, art. 1, 2 ; 183, p. 11.

la guerre entre eux ; exécuter les décisions de l'organe central. En cas de non-respect de ces obligations, les États confédérés subissent des sanctions collectives de nature militaire.

Du point de vue de l'organisation, la confédération reste un regroupement d'États qui conservent pour la plupart leurs compétences.[1] Ainsi, la compétence attribuée à la confédération est limitée uniquement aux États et non à leurs citoyens. Pour cette raison, la confédération n'a qu'un rôle réduit et n'a besoin que d'une organisation publique rudimentaire, dotée d'un mécanisme d'action.

Parmi les principales applications de l'institution de la confédération, nous pouvons mentionner : la Confédération des États-Unis d'Amérique du Nord (1778-1787) ; la Confédération suisse (1291-1798 et 1815-1848) ; la Confédération des Pays-Bas (1579-1795) ; la Confédération germanique (1815-1866).

En conclusion, il est à noter que le phénomène de confédération a résulté d'une réaction visant à assurer la défense commune des États associés et à maintenir la paix entre eux. Présentant de multiples lacunes, tant structurelles que fonctionnelles, les confédérations d'États appartiennent au passé. Cette forme d'État a constitué une phase intermédiaire, dans certains cas, vers l'État fédéral. Les plus importantes confédérations se sont transformées en États fédéraux.[2]

La fédération représente une structure complexe composée de plusieurs États qui n'ont pas la qualité d'État, au sens du droit international, seul l'État fédéral ayant la qualité de sujet de droit international.[3]

---

[1] Dans une Confédération comme la Suisse, de 1815 à 1848, la personnalité internationale appartenait à chacun des membres qui la composaient.

[2] Les confédérations sont, en règle générale, des formes d'association précédant la création de fédérations ou même la constitution d'États unitaires. Ainsi, la confédération suisse créée en 1291 fut organisée en 1848 en Etat fédéral ; la confédération des États-Unis d'Amérique du Nord, créée en 1778, fut transformée en État fédéral par la Constitution de Philadelphie en 1787 ; et la confédération des Pays-Bas, créée en 1579, transformée en État unitaire en 1795.

[3] Exemples d'États fédéraux que nous citons : Argentine, Autriche, Australie, Belgique, Brésil, Canada, Allemagne, Suisse, Inde, Malaisie, Mexique, USA, Fédération de Russie, autrefois URSS, etc.

Contrairement à la confédération, l'État fédéral fonctionne sur la base d'une constitution propre comme acte interne. Les rapports entre les États fédérés sont des rapports de droit interne, et non des rapports de droit international, comme dans le cas de la confédération. L'État fédéral dispose d'organes d'État fédéraux, qui expriment sa volonté et sa compétence propres, ce qui en fait une autorité qui se superpose aux États composants.[1]

L'organisation constitutionnelle de l'État fédéral est soumise à des constantes concernant la structure des organes étatiques et la répartition des compétences étatiques. Ainsi, les organes législatifs et juridictionnels ont un caractère prédéterminé. L'organe législatif est bicaméral, la chambre inférieure représentant la population locale, tandis que la chambre supérieure assure aux États une représentation égalitaire. En ce qui concerne l'organe juridictionnel, il convient de mentionner que, dans tous les États fédéraux, il existe une Cour suprême qui résout les différends éventuels entre l'État fédéral et les États membres ou entre les États membres eux-mêmes.

Les compétences des organes fédéraux et celles des Etats membres sont définies dans la Constitution. Ainsi, les organes fédéraux ont des compétences générales (relations extérieures, citoyenneté, questions militaires et économiques, maintien de l'ordre public), qui s'exercent également sur les citoyens des États composants. En ce qui concerne les relations extérieures, l'État fédéral a compétence principalement dans les domaines diplomatique, militaire et économique. Les États composants de la fédération conservent, cependant, une organisation propre, mais leur compétence se limite aux problèmes locaux et ne dépasse pas leur territoire, ayant généralement le droit de participer aux décisions concernant les questions d'intérêt commun.[2] En ce qui concerne la compétence normative, elle est divisée entre les deux niveaux - État fédéral et États fédérés.[3]

En conclusion, nous notons qu'une telle structure de l'État fédéral a pour résultat que le sujet de droit international à pleine

---

[1] Gr. Geamănu, *Drept Internaţional contemporan*, Bucureşti, Editura Didactică şi Pedagogică, 1995, p. 290.

[2] Ion M. Anghel, *Subiectele de drept internaţional*, Bucureşti, Editura Lumina-Lex, 1998, pp. 182-187.

[3] Pour plus de détails, voir Dan Claudiu Dănişor, op. cit., pp. 101-126.

capacité est l'État fédéral et non les États composants. Normalement, celui qui exerce pleinement la capacité de conclure des traités est l'État fédéral. Les constitutions de certains États fédéraux réservent à l'État fédéral l'ensemble des compétences en matière de conclusion de traités. Cependant, selon les dispositions constitutionnelles, les États membres peuvent avoir le droit de participer directement aux relations internationales, c'est-à-dire le droit de conclure des traités.

Chapitre 8
Les sujet dérivés et secondaires des relations internationales : acteurs en expansion dans la société mondiale

Comme nous avons affirmé précédemment, dans la société internationale contemporaine, les États - en tant que sujets originaires de droit international - ne sont plus les seuls acteurs de la vie internationale. À leurs côtés, d'autres entités agissent en tant que sujets dérivés de droit international, que nous aborderons ci-après.

La diversification et la multiplication des relations transnationales ont conduit à une augmentation des acteurs de ces relations, mais aussi à leur extension du niveau étatique à celui non étatique, dominé par des organisations internationales tant interétatiques que privées, basées sur le territoire d'un État et exerçant une activité dans plusieurs États avec lesquels elles entretiennent diverses relations. Les sujets des relations transnationales sont des personnes physiques ou juridiques de nature différente, des groupes ou des organisations, avec ou sans personnalité juridique.

1. Nations en lutte pour la libération nationale : reconnaissance et droits en droit international

D'un point de vue historique, l'émergence des nations luttant pour leur libération en tant que catégorie juridique spécifique, soumise à un régime juridique impliquant des droits et des obligations, est relativement récente. Elle se manifeste durant la période de lutte anticolonialiste. Après la Seconde Guerre mondiale, les mouvements de libération nationale[1] ont acquis la

---

[1] Le mouvement de libération nationale représente un ensemble d'actions (sociales, politiques, diplomatiques, militaires, etc.) organisées par les peuples et nations des colonies et semi-colonies, dirigées contre la domination colonialiste et néocolonialiste pour la conquête de l'indépendance et de la souveraineté étatique. Le mouvement de libération a conduit à l'effondrement du système colonialiste de l'impérialisme et à l'émergence d'un nombre imposant d'États indépendants et souverains.

qualité de sujets de droit international dans leurs relations avec d'autres sujets de droit international[1]. Une telle reconnaissance a eu lieu, en plus des Nations Unies, au sein de l'Organisation de l'unité africaine, avec l'affirmation du principe politique de l'autodétermination des peuples comme l'un des principes fondamentaux du droit international.

Le document qui a marqué à la fois le processus politique de décolonisation et sa réflexion normative a été la Déclaration de l'Assemblée générale des Nations Unies sur l'octroi de l'indépendance aux pays et aux peuples coloniaux, adoptée par la Résolution n° 1514/XV en 1960[2]. Par la suite, la Déclaration de l'Assemblée générale concernant les principes du droit international relatifs aux relations amicales et à la coopération entre États, adoptée par la Résolution n° 2625/XXV en 1970[3], consacre « le principe de l'égalité des droits des peuples et de leur droit à disposer d'eux-mêmes » comme l'un des sept principes du droit international contemporain. Alors que les autres principes fondamentaux du droit international se réfèrent aux États en tant que sujets de droit international, le droit à l'autodétermination est reconnu aux peuples. En ce qui concerne la reconnaissance de ce principe, plusieurs critères ont été établis dans les documents de l'ONU pour clarifier le concept de « peuple », à savoir : être une entité déterminée par des caractéristiques propres, avoir un lien avec un territoire et ne pas se confondre avec des minorités ethniques, religieuses ou linguistiques.[4]

---

[1] La Charte des Nations Unies, signée à San Francisco le 26 juin 1945, art. 1, 55.

[2] Déclaration concernant l'octroi de l'indépendance aux pays et aux peuples colonisés. Résolution 1514/XV de l'Assemblée générale des Nations Unies du 14.12.1960. Séance plénière n° 947. www.un.org.//Série des Traités des Nations Unies, art. 192.

[3] « Déclaration sur les principes du droit international concernant les relations amicales et la coopération entre les États. Adopté par la résolution 2526/XXV jubilé de 1970 de l'Assemblée générale des Nations Unies », in Adrian Năstase, Bogdan Aurescu, *Drept internaţional contemporan. Acte esenţiale*, Bucureşti, Regia Autonomă „Monitorul oficial", 2000, p. 167.

[4] Leur existence et leurs droits, au sein d'un peuple, sont reconnus par l'article 27 du Pacte international relatif aux droits civils et politiques.

En tant que titulaires du droit de décider de leur propre sort, les nations luttant pour leur libération peuvent obtenir la reconnaissance de ce statut lorsque leur lutte et les circonstances dans lesquelles elle se déroule montrent qu'elles se trouvent dans une situation transitoire, représentant une étape préliminaire à la constitution d'un État indépendant, doté d'une personnalité juridique complète. À mesure que les nations luttant pour leur libération se sont consolidées sur le plan national et que leur implication dans la vie politique internationale est devenue plus forte, elles ont obtenu de nombreuses reconnaissances internationales.[1]

En général, la qualité de sujet de droit international est acquise à partir du moment où la nation luttant pour sa libération remplit certaines conditions, parmi lesquelles : la création de ses propres organes (armée ou organes de résistance), l'exercice des fonctions de pouvoir public, le contrôle d'une part significative du territoire du futur État.[2] Comme dans le cas des États, la qualité de sujet de droit international des nations luttant pour leur libération ne dépend pas de leur reconnaissance, elle appartient également à toutes les nations qui remplissent ces critères, en vertu de leur droit à l'autodétermination, qui représente le fondement politique et juridique de leur personnalité internationale. Sur la base du droit de décider de son propre sort, chaque nation est titulaire de droits et d'obligations internationales et bénéficie directement de la protection des normes du droit international. Les nations luttant pour leur libération sont soumises au principe de non-intervention dans leurs affaires internes, au respect de leur intégrité territoriale, au droit à l'autodéfense, et les forces armées sont soumises aux règles du droit international humanitaire.

La capacité juridique d'une nation luttant pour sa libération se manifeste par l'exercice de certains droits, tels que :

- Le droit de participation par des représentants avec un statut d'observateur aux travaux de l'ONU et à d'autres organisations

---

[1] N. Ecobescu, V. Duculescu, *Drepturile şi obligaţiile fundamentale ale statelor*, Bucureşti, 1976, p. 191.

[2] Raluca Miga-Beşteliu, *Drept internaţional public*, Bucureşti, Editura ALL Beck, vol. 1, 2005, p. 136 ; Ion M. Anghel, *Subiectele de drept internaţional*, Bucureşti, Editura Lumina-Lex, 1998, p. 355.

internationales. Le statut d'observateur permet aux représentants de ces entités de participer aux travaux des organes d'une organisation, sans droit de vote. Ainsi, depuis 1974, l'Organisation de libération de la Palestine (OLP) participe, en tant qu'observateur, aux travaux de l'Assemblée générale des Nations Unies, et depuis 1976, elle est également admise à participer aux débats du Conseil de sécurité concernant la question palestinienne. De plus, par la Résolution n° 3280/XXIX[1], la question de la participation régulière des représentants des nations, en tant qu'observateurs, à tous les travaux de l'ONU pour les mouvements de libération nationale reconnus par l'OUA a été résolue. L'admission aux travaux de l'ONU, aux côtés des États membres, constitue une reconnaissance de la légitimité de la lutte des nations pour leur libération.

- Le droit de participation en tant que membre associé à certaines organisations internationales dont les actes constitutifs contiennent des dispositions à cet égard (par exemple, le cas de l'Organisation mondiale de la santé, de l'Union postale universelle, de l'Organisation des Nations Unies pour l'éducation, la science et la culture).

- Le droit de représentation diplomatique, active et passive, dans les conditions établies avec les États ou les organisations internationales qui reconnaissent ce statut. La reconnaissance d'un droit de légation aux nations luttant pour leur libération constitue une étape importante dans la vie internationale.

Les mouvements de libération avaient généralement des représentations dans certaines capitales, ainsi que dans certaines organisations internationales, appelées bureaux ou offices, dont les envoyés jouissaient d'un certain degré d'immunité, même s'ils n'étaient pas reconnus en tant qu'agents diplomatiques. Grâce à la représentation de ces entités dans un nombre croissant d'États, il est passé des bureaux et offices à de véritables missions diplomatiques, et leurs envoyés ont reçu non seulement le titre, mais aussi le traitement réservé aux ambassadeurs des États souverains.[2]

---

[1] http://www.un.org/

[2] La Convention de Vienne de 1961 sur les relations diplomatiques.

- Le droit de bénéficier de l'assistance de l'ONU, de ses institutions spécialisées et d'autres membres de la communauté internationale.

- Le droit de jouir de la protection des lois et coutumes de la guerre et l'obligation de les respecter. Les personnes combattantes des mouvements de libération nationale sont considérées comme des combattants, bénéficiant du statut de prisonniers de guerre si elles tombent aux mains des forces coloniales. Les unités de combattants doivent être organisées selon le modèle des armées régulières, avec une personne responsable à leur tête.

- - Le droit de conclure des traités internationaux. Lorsqu'un mouvement de libération nationale parvient à se constituer en un nouvel État, un accord est généralement conclu avec l'État dont il a obtenu l'indépendance.[1]

Dans le cas des traités multilatéraux[2], il est prévu que l'acceptation de ce texte puisse se faire par une déclaration du représentant du mouvement adressée à l'État dépositaire. Une telle disposition se retrouve également dans la Convention du 10 octobre 1980 (art. 7, par. 4) concernant l'interdiction et la limitation de l'utilisation de certaines armes classiques.

La Conférence sur le droit de la mer a invité des mouvements de libération nationale (comme l'OLP et l'Organisation des peuples du Sud-Ouest africain (SWAPO)) à participer en tant qu'observateurs et a reconnu leur droit de signer l'Acte final. Dans ce cas, la situation de la Namibie a été régie par une disposition spéciale[3], stipulant qu'elle avait le droit de signer par

---

[1] Par exemple, le traité anglo-irlandais, de 1921, intervenu à la suite de la lutte armée ; Les Accords d'Evian, conclus entre la France et le Front de libération nationale en 1962, qui prévoyaient une consultation populaire sur le destin politique de l'Algérie ; Le Portugal a conclu des traités avec les mouvements de libération des anciennes colonies africaines, fixant la date de la déclaration d'indépendance, formant un gouvernement pour la période de transition et établissant les bases de la coopération.

[2] Par exemple, dans le Protocole I aux Conventions de Genève de 1949, voir M.I. Niciu, V. Marcu, *Culegere de documente de Drept Internaţional Public*, 2 vol., Bucureşti, Editura Lumina-Lex, vol. 2, 1997, p. 234.

[3] La Convention sur le droit de la mer, adoptée en 1982, en vigueur depuis novembre 1994, résolution de l'Assemblée générale des Nations Unies, docA/Conf. 62/122, United Nations, Treaty Series, 1983, art. 305.

l'intermédiaire du Conseil de l'ONU pour la Namibie. Lors de la Conférence de Vienne en 1986 sur la codification du droit des traités entre États et organisations internationales ou entre organisations internationales, des mouvements de libération nationale tels que l'OLP, la SWAPO et d'autres ont également été invités, conformément à la Résolution n° 39/86 de l'Assemblée générale de l'ONU[1].

2. Autodétermination, sécession et séparatisme : une analyse des droits nationaux en droit international

La norme de l'autodétermination a acquis une proéminence internationale dans les Quatorze Points de Woodrow Wilson. Depuis lors, elle a connu une existence tumultueuse, depuis la décolonisation qui a suivi les guerres mondiales jusqu'aux guerres ethniques après la guerre froide. L'inclusion du concept d'« autodétermination » dans la Charte de l'ONU a entraîné l'évolution de cette idée, passant de principe au droit, sans jamais définir complètement le concept sous-jacent. L'autodétermination dans les années 1960 était simplement un autre terme pour désigner la décolonisation[2]. Cependant, même à cette étape, « l'autodétermination ne permettait pas la sécession ; elle présupposait l'intégrité territoriale des États existants et de la majorité des territoires coloniaux ». L'idée d'autodétermination à cette époque ne s'inscrivait pas dans le concept selon lequel tous les peuples ont le droit à l'autodétermination, mais plutôt que toutes les colonies avaient le droit d'être indépendantes. La rhétorique de l'autodétermination a évolué depuis la fin des années 1970 jusqu'à nos jours, de sorte que le discours wilsonien sur les droits ethniques et culturels des minorités a été mêlé aux préoccupations territoriales de l'ère de décolonisation.

Le droit à l'autodétermination est « le droit des groupes nationaux consistants (des peuples) de choisir leur forme

---

[1] http://www.un.org/.

[2] La convention internationale sur l'élimination de toutes les formes de discrimination raciale. Résolution de l'Assemblée Générale n° 2106/XX du 21.12.1965, en vigueur depuis le 04.01.1969.

d'organisation politique et leur relation avec d'autres groupes »[1]. Bien que l'autodétermination ait été mentionnée dans la Charte de l'ONU[2], les juristes ont constaté, même au cours de la dernière décennie, que le droit international, dans sa forme actuelle, ne clarifie pas toutes les implications du droit à l'autodétermination. Cependant, l'Opinion Consultative sur le Sahara occidental de la CIJ[3] confirme « la validité du principe d'autodétermination » dans le contexte du droit international[4].

La norme fondamentale d'autodétermination est le droit d'un peuple d'un État existant « de choisir son propre système politique et de suivre son propre développement économique, social et culturel »[5]. La présomption est qu'un tel développement économique, social et culturel se déroulera sous l'égide d'un État existant et ne nécessitera pas l'établissement d'un nouvel État. Cette conception de l'autodétermination interne fait de l'autodétermination un concept étroitement lié au respect des droits des minorités.

Les visions modernes de l'autodétermination reconnaissent également l'option « fédéraliste » d'accorder un certain niveau d'autonomie culturelle ou politique comme moyen de satisfaire la norme d'autodétermination[6], solution appliquée de manière exceptionnelle lorsque l'État viole brutalement ou ne manifeste pas le désir ou la capacité de défendre la dignité humaine et les droits humains les plus élémentaires ; cependant, dans de tels cas, la présomption d'une revendication légale d'autodétermination semble justifiée seulement si un peuple conscient de sa propre identité et établi sur un territoire commun est discriminé en tant que tel et s'il n'existe pas de remèdes effectifs en droit national ou international pour ajuster la situation.

---

[1] *Dicţionar de Drept Internaţional Public*, coord. I. Cloşca, Bucureşti, Editura Ştiinţifică şi Enciclopedică, 1982, p. 36.

[2] La Charte des Nations Unies, signée à San Francisco le 26 juin 1945, art. 1 par. 2 ; article 55.

[3] C.I.J., Recueil des arrêts, avis consultatifs et ordonnances, 1975 ; http://www.un.org.int.

[4] I. Brownlie, *Principles of Public International Law*, Oxford, Clarendon University Press, 2003, p. 554.

[5] *Encyclopedia of Public International Law*, Vol. III, Amsterdam - Lausanne - New-York - Oxford - Shannon - Singapore – Tokyo, 1997, pp. 364-367.

[6] Ibidem, p. 373.

Ainsi, la norme d'autodétermination ne représente pas un droit général à la sécession. Étant donné que l'autodétermination est un principe reconnu au niveau international, la sécession est une question interne, « une question que les États doivent résoudre eux-mêmes ». Ces problèmes politiques étant de nature contentieuse, la procédure régulière et les principes juridiques deviennent d'autant plus importants. Dans une solution généralement acceptée, il a été précisé, par exemple, que « les États-Unis devraient être moins préoccupés par les résultats de ces luttes et davantage par les moyens utilisés ; la stabilité politique internationale a plus de chances d'être maintenue si l'on met l'accent sur le processus et si les événements ne sont pas manipulés pour arranger un résultat prédéterminé ».

Les États-Unis doivent cependant déclarer très clairement que la sécession n'a pas été universellement reconnue comme un droit international. Ils peuvent choisir, sur la base d'autres intérêts, de soutenir les revendications sécessionnistes d'un mouvement d'autodétermination, mais pas parce que le groupe exerce un droit à la sécession, car un tel droit n'existe pas dans le droit international. En même temps, un rejet absolu de la sécession dans tous les cas ne serait pas raisonnable, car les États-Unis ne doivent pas être prêts à tolérer la répression ou le génocide commis par un autre État au nom de l'intégrité territoriale. La sécession peut être un objectif légitime pour certains mouvements d'autodétermination, en particulier en réaction à des violations graves et systématiques des droits de l'homme, et lorsque l'entité est potentiellement viable sur le plan politique et économique.[1]

Les problèmes d'autodétermination et de sécession se trouvent généralement dans le domaine du droit interne. Le droit international classique soutient que « bien qu'une rébellion implique la violation des lois de l'État en question, il n'y a pas de violation du droit international simplement parce qu'un régime rebelle tente de renverser le gouvernement de l'État ou de se séparer de l'État ». Si de telles tentatives de sécession mettent

---

[1] Carley P., *Sovereignty, Territorial Integrity, and the Right to Secession, Report from a Roundtable Held in Conjunction with the U.S. Department of Policy Planning Staff*, Peace works paper no.7, March 1996, p. 10.

en péril la paix et la sécurité du système international, le Conseil de sécurité de l'ONU peut les déclarer illégales, comme dans le cas de la Rhodésie ou de la tentative de sécession de la province du Katanga en République Démocratique du Congo. Par conséquent, l'illégalité se réfère à l'illégalité municipale au niveau interne, ou au niveau international, à l'intervention étrangère ou à la menace pour la paix et la sécurité internationales.[1]

Cependant, la pratique étatique a évolué de sorte que l'autodétermination, correctement comprise, ne permet pas le redécoupage des frontières. Pendant la guerre de Yougoslavie, la Conférence de la Communauté européenne concernant la Commission d'arbitrage pour la Yougoslavie, établie par la Communauté européenne, a conclu que l'exercice de l'autodétermination « ne doit pas impliquer la modification des frontières existantes au moment de l'indépendance (uti possidetis juris), à moins que les États concernés ne conviennent autrement ». Uti possidetis a été reconnu comme un « principe général » du droit international ; l'Acte final d'Helsinki prévoyait également l'inviolabilité des frontières, bien qu'il autorise la modification des frontières par des moyens pacifiques et sur la base d'accords.[2]

La Cour internationale de Justice a également écrit dans l'affaire du Burkina Faso que l'uti possidetis n'est pas une règle spéciale qui concerne uniquement un système juridique spécifique du droit international. C'est un principe général, logiquement lié au phénomène d'obtention de l'indépendance, où qu'il se produise.[3]

Plus récemment, la Cour suprême du Canada a examiné les questions d'autodétermination et de sécession dans le cadre de la Sécession du Québec. Dans le processus d'évaluation de la

---

[1] *Encyclopedia of International Law*, vol. V, North-Holland, 1992, p. 356.

[2] D'autres traités ou déclarations qui incluent des déclarations explicites ou implicites d'uti possidetis comprennent : la Convention de Vienne de 1961 sur les relations diplomatiques, la Convention de Vienne de 1969 sur le droit des traités, la Convention de Vienne de 1978 sur la succession d'États aux traités, la résolution 1514/XV de 1960 de l'ONU. Assemblée générale concernant l'octroi de l'indépendance aux pays et aux peuples colonisés.

[3] C.I.J., *Recueil des arrêts, avis consultatifs et ordonnances*, 1986, p. 296.

question de savoir si le Québec peut se séparer, la Cour a constaté que les sources reconnues du droit international établissent que le droit d'un peuple à l'autodétermination est normalement satisfait par l'autodétermination interne - la satisfaction par un peuple de son développement politique, économique, social et culturel au sein d'un État existant. Le droit à l'autodétermination externe (qui, dans ce cas, peut potentiellement prendre la forme d'une revendication de sécession unilatérale) n'apparaît que dans les cas les plus extrêmes et, même alors, dans des circonstances minutieusement définies.

Ce résultat est en accord avec la Résolution concernant les relations d'amitié et de coopération entre États, une résolution spécialement adoptée à l'occasion du vingt-cinquième anniversaire de la fondation de l'ONU pour déclarer une fois de plus les principes de base de l'organisation. La Résolution exclut la sécession comme moyen de former un État souverain lorsque l'État existant respecte les droits égaux et l'autodétermination des peuples.

En outre, on a récemment pu observer comment la Russie a tenté de manipuler l'opinion publique internationale concernant l'agression commise contre l'Ukraine, invoquant le droit à l'autodétermination et utilisant des termes consacrés du droit international tout en leur attribuant d'autres significations. En réalité, la plus grande « menace » semble être liée à l'intention de devenir membre de l'OTAN, une intention absolument légitime pour un État indépendant ; l'autodétermination (même de populations dans certaines régions) doit se faire sans aucune intervention externe.

Le *séparatisme* est une tendance à se séparer d'un tout. Sur le plan politique, il s'exprime par la revendication de souveraineté et d'indépendance pour une partie du territoire. Le séparatisme contemporain repose sur une application exagérée du principe d'autodétermination, prétendant que chaque communauté ethnique ou nation doit posséder un territoire organisé sous forme d'État. En premier lieu, seuls les peuples dont les caractéristiques correspondent à celles de la nation (territoire commun, tradition historique commune, identité ethnique, homogénéité culturelle, conscience et volonté de se reconnaître comme peuple) ont droit à l'autodétermination, et cela, lorsqu'ils se trouvent sous domination étrangère. Les minorités ethniques au sein d'un État n'ont pas ce droit, puisque l'État national de l'ethnie respective existe déjà. Le droit à l'autodétermination dont disposent les minorités suppose seulement la reconnaissance de leur spécificité ethnique et le droit à un certain degré d'autonomie culturelle et administrative[1] au sein d'un État.[2]

En second lieu, dans le monde contemporain, le respect des droits des minorités ethniques est garanti par le droit international, qui met à disposition divers moyens pour leur défense. Ainsi, le séparatisme, représentant essentiellement un problème interne, ne se manifeste pas seulement en cette qualité ; la région séparatiste crée des contradictions (directes ou indirectes) entre deux États ou plus. La violation du droit international, surtout en cas d'utilisation de la force militaire ou de méthodes terroristes de lutte, implique la communauté internationale dans le processus de règlement des conflits apparus en raison du séparatisme.

En conclusion, nous mentionnons que l'ensemble des attributs énoncés définit la qualité de sujet de droit international des nations qui luttent pour leur libération. Il est évident que, dans le cas des nations qui luttent pour leur libération, la qualité de sujet de droit international est limitée et transitoire, tant par son contenu que par son champ d'application. En tant que sphère d'action, elle se manifeste uniquement dans certains domaines, et avec le temps, elle s'exerce jusqu'à l'acquisition de l'indépendance, à la création d'un nouvel État qui bénéficiera d'une personnalité juridique internationale pleine, dans le sens où il pourra acquérir des droits et assumer des obligations dans tous les domaines de la vie internationale.

---

[1] *Encyclopedia of Public International Law*, Vol. II, Amsterdam - Lausanne - New-York - Oxford - Shannon - Singapore – Tokyo, 1997, p. 861.

[2] Aurora Ciucă, *Mozaic de drept internațional și drepturile omului*, ed. Universul Juridic, 2024, p. 11.

3. Formations de type étatique : une étude des entités à statut spécial

3.a. Le Vatican : un sujet spécial du droit international

Dans la littérature de spécialité[1], le statut international du Vatican représente le cas de l'acceptation d'une entité en tant que sujet de droit international qui n'est cependant pas un État, et que l'on peut considérer comme marquant, en fait, le passage de la catégorie des sujets de droit international ayant une organisation essentiellement territoriale à celle d'une nature différente.[2]

Ainsi, pendant la période médiévale et jusqu'à la fin du XIXe siècle, le Pape, en tant que chef de l'Église catholique, exerçait sa souveraineté sur les États pontificaux dont le territoire variait au fil du temps. Si jusqu'en 1870 le Vatican existait en tant qu'État, après cette date, il a été dissous et intégré au sein de l'État italien. Le gouvernement italien s'est montré disposé à lui accorder un statut juridique spécial, mais la loi[3] adoptée par le Parlement italien à cette fin n'a pas été acceptée par le Pape et ses successeurs. À partir de ce moment et jusqu'en 1929, lorsque les accords de Latran[4] ont été conclus entre l'Italie et le Vatican, le statut juridique du Vatican a été incertain. Après des négociations difficiles, les instruments juridiques signés à Rome en 1929 comprennent :

- un traité politique qui résout et élimine le problème romain;
- un concordat qui réglemente la condition juridique de l'Église catholique en Italie ;
- une convention financière qui réglemente, de manière très favorable au gouvernement italien, les obligations financières

[1] A. Bolintineanu, A., Năstase, B. Aurescu, *Drept internaţional contemporan*, Bucureşti, Ediţia a 2-a, Beck, 2000, pp.138-139 ; Ion M. Anghel, *Subiectele de drept internaţional*, Bucureşti, Editura Lumina-Lex,1998, pp. 188-195 ; Raluca Miga-Beşteliu, Drept internaţional: introducere în dreptul internaţional public, Bucureşti, Editura ALL, 2003, pp. 136-142.

[2] A. Bolintineanu, A., Năstase, B. Aurescu, op. cit., pp. 188-195.

[3] La loi de garantie du 13 mai 1871, qui garantissait la souveraineté du Pape et le libre exercice de son autorité spirituelle.

[4] Les Accords du Latran conclus en 1929 ont été reconfirmés par l'article 7 de la Constitution italienne du 26 mars 1947.

assumées par ce dernier ; cet ensemble conventionnel a été complété par une série de documents conclus ultérieurement (1929-1948) dans divers domaines : services télégraphiques, circulation automobile, monétaire, gestion de la gare du Vatican, délimitation de nouvelles zones territoriales, etc.

Le traité de Latran contient 27 articles et réglemente essentiellement les relations entre le Vatican et l'État italien. En vertu de ce traité, l'État italien a reconnu la propriété exclusive et la juridiction souveraine du Vatican sur un espace territorial de la ville de Rome, le caractère neutre et inviolable de ce territoire, le droit de représentation à l'étranger, etc.[1]

En analysant les dispositions du traité de Latran ainsi que la situation du Vatican par rapport à l'État italien et aux autres États, on constate que le Vatican ne dispose pas d'une souveraineté réelle. Au lieu de cela, il exerce des droits spéciaux et une juridiction qui restent dans les limites fixées par l'État italien. Il n'y a pas de pouvoir politique organisé au Vatican ; son organisation administrative se concentre principalement sur les questions religieuses. Les services publics relèvent du gouvernement italien. De plus, depuis le 1er janvier 2002, le Vatican utilise la monnaie européenne sur son territoire et dispose de sa propre institution financière, la Banque du Vatican. La citoyenneté vaticane, quant à elle, est à la fois spéciale et fonctionnelle, acquise selon des conditions spécifiques liées au rang et au domicile. Cette citoyenneté peut être perdue lorsque ces conditions ne sont plus remplies, sans que cela n'affecte la nationalité d'origine de la personne concernée.[2]

Certaines clauses du traité de Latran se réfèrent aux exonérations (militaires, fiscales et douanières) et aux immunités accordées aux dignitaires de l'Église, aux membres de la Cour pontificale, ainsi qu'aux bâtiments pontificaux. Malgré cela, le Vatican se présente comme une entité qui s'affirme sur la scène des relations internationales et, en exerçant les attributs reconnus

---

[1] Ion M. Anghel, *Subiectele de drept internaţional*, Bucureşti, Editura Lumina-Lex, 1998, p. 191.

[2] O. Balan, E. Serbenco, *Drept internaţional public*, Chişinău, Tipografia „Reclama", vol. 1, 2001, p. 148.

par les États, devient un sujet de droit international, avec des droits et des obligations dans des domaines d'activité limités.

Ainsi, les relations diplomatiques entre le Vatican et les États étrangers se sont considérablement développées. En 1929, il y avait 30 États qui entretenaient des relations avec le Vatican ; ce chiffre est monté à 83 en 1975. Actuellement, le Vatican est considéré comme un membre originel de la société internationale. Le Saint-Siège maintienne des relations diplomatiques formelles avec 174 États souverains, ainsi qu'avec l'Union européenne et l'Ordre de Malte ; parmi ces États, 69 ont des missions diplomatiques résidentes permanentes auprès du Saint-Siège. Les autres ont des missions accréditées en dehors de l'Italie, car le Saint-Siège n'accepte pas d'accréditation double avec une ambassade située en Italie. Le Vatican entretient également des relations particulières avec la Russie (avec une mission dirigée par un ambassadeur) et l'Organisation pour la libération de la Palestine (avec un bureau dirigé par un directeur). En outre, le Saint-Siège maintient 179 missions diplomatiques permanentes à l'étranger, dont 106 sont accréditées auprès d'États souverains. Les activités diplomatiques du Saint-Siège sont gérées par le Secrétariat d'État (du Vatican), dirigé par un Cardinal Secrétaire d'État, via la section des relations avec les États.

Suite au Traité du Latran de 1929, le droit de légation active et passive est reconnu au Vatican, exercé dans les relations diplomatiques avec un certain nombre d'États par l'intermédiaire de représentants assimilés aux classes de missions diplomatiques des États.[1] Parmi d'autres éléments, la Convention de Vienne de 1961 sur les relations diplomatiques[2] contient des dispositions concernant le droit de légation du Vatican, confirmant une nouvelle fois sa qualité de sujet de droit international[3].

En 1984, un nouveau concordat est signé entre le Saint-Siège et l'Italie, remplaçant celui de 1929. Ce document a consacré la

---

[1] Selon l'article 14 de la Convention de Vienne de 1961, concernant les relations diplomatiques, les noces papales sont assimilées aux ambassadeurs et les internuptiaux aux ministres plénipotentiaires.

[2] La Convention de Vienne de 1961 sur les relations diplomatiques.

[3] Par exemple, l'article 16 fait référence à la nomination du représentant du Vatican.

situation existante des relations entre l'Église catholique et l'État italien : l'Église reconnaît le caractère laïque de l'État italien et de l'enseignement public, tandis que l'État italien abandonne toute prétention de contrôle sur l'Église, modifiant certaines dispositions du traité précédent, y compris l'idée du catholicisme comme religion d'État en Italie. Ce concordat est en vigueur à ce jour.

Le Vatican a la capacité de conclure des traités avec des États, appelés concordats (le plus ancien date de 1122, conclu entre le Pape Calixt II et l'empereur Henri V), qui représentent une variété de traité international régissant des questions de nature religieuse.[1]

En outre, le Vatican est membre de nombreuses organisations internationales et il est représenté en tant qu'observateur dans les activités de l'ONU et d'autres organisations internationales (il entretient des relations diplomatiques avec l'Union européenne à Bruxelles). Il participe à des conférences[2] et à des congrès internationaux. Le Pape a joué un rôle actif dans la résolution du différend territorial entre l'Argentine et le Chili, étant souvent sollicité pour servir de médiateur ou pour apporter ses bons offices dans la résolution de différends internationaux.

Ainsi, l'ensemble de ces attributs définit la situation du Vatican en tant que sujet spécial, dérivé et limité du droit international contemporain. On peut estimer que la personnalité internationale du Vatican repose, tant sur sa genèse que sur son domaine d'expression, sur le consentement des États, et que son exercice dans les relations avec ceux-ci se réalise dans les limites fixées par leur consentement.

---

[1] Dans le commentaire de la Commission du droit international sur le projet d'articles sur le droit des traités, le terme concordat est désigné comme un nom de traités internationaux, Ion M. Anghel, *Dreptul tratatelor*, Bucureşti, Editura Lumina-Lex, vol. 1, 1993, p. 252.

[2] Le Vatican a participé aux conférences internationales sur le droit diplomatique (1961), le droit des traités (1968-1969), la sécurité et la coopération en Europe (1975), la 3e Conférence des Nations Unies sur le droit de la mer, etc.

3.b. Les Chevaliers de l'Ordre de Malte : étude du statut et de leur rôle en droit international

L'Ordre de Malte, dont le nom officiel est l'Ordre souverain militaire et hospitalier de Saint-Jean de Jérusalem, de Rhodes et de Malte, est considéré comme le plus ancien des ordres de chevalerie. Il a été fondé dans le but de fournir des soins médicaux aux pauvres, servant de modèle pour des institutions internationales de charité ultérieures, telles que la Croix-Rouge et le Croissant-Rouge. La Croix maltaise (l'emblème de l'Ordre), à quatre bras et à huit extrémités, représente les huit pays et provinces qui ont envoyé des volontaires sur l'île de Malte : la France, la Provence, l'Auvergne, l'Aragon, la Castille, l'Italie, l'Angleterre et l'Allemagne.[1]

Ses actions caritatives sont réalisées tant en temps de guerre qu'en temps de paix. En effet, ses terrains philanthropiques étaient reconnus comme une propriété neutre pendant la Seconde Guerre mondiale, et leur confiscation en Italie par les autorités militaires allemandes a conduit à des protestations ultérieures de la part du Comité International de la Croix-Rouge. En temps de paix, l'Ordre a organisé des corps ambulatoires équipés de matériel médical mobile, intervenant dans plusieurs pays pour fournir des services en situation d'urgence (par exemple, en cas de catastrophes naturelles).[2]

Le vaste programme de ses activités caritatives se matérialise à travers un réseau international de dispensaires et de centres de recherche médicale spécialisés dans plus de 54 pays à travers le monde. Depuis le XVème siècle, l'Ordre est déjà perçu comme un sujet de droit international, lui étant reconnue une capacité internationale, qualité qu'il conserve encore aujourd'hui, malgré l'absence de territoire.

Lorsque l'Ordre possédait un territoire, la position du Grand Maître, en tant que chef de l'Ordre et de l'État, semblait

---

[1] M. de Pierredon, *Histoire politique de l'Ordre souveraine de Saint-Jean de Jérusalem*, Ordre de Malte, vol. 2, (1956-1963), pp. 57-86.

[2] A.C. Breycha-Vauthier, M. Potulicki, « The Order of St. John », in *International Law*, Vol. 48/1954, pp. 554-563 ; A.C. Breycha-Vauthier, « Renouveau de l'Ordre Hospitalier de Jean dit de Malte », in *La Charte Constitutionnelle de 1956*, Vol. 18 (1957-1958), pp. 103-120.

correspondre à une union personnelle. En tout cas, la souveraineté territoriale n'a jamais été pour l'Ordre un but en soi, mais plutôt un moyen d'atteindre ses objectifs institutionnels fondamentaux.[1] En réalité, l'Ordre a toujours agi en tant qu'entité sans territoire, comme sujet de droit international, indépendamment de son lien avec un territoire particulier.

Aujourd'hui, l'Ordre de Malte est un sujet souverain de droit international disposant de sa propre Constitution, émettant des passeports, possédant ses propres sceaux et établissant diverses institutions publiques. Le chef de l'Ordre de Malte porte le titre de Grand Maître, actuellement M. Andrew Bertie, élu à vie en 1988. L'Ordre entretient des relations diplomatiques, par le biais d'ambassades et de légations, avec 94 États, dont la plupart ne sont pas catholiques, étant représenté par des délégués permanents (Agences Diplomatiques et Missions) auprès d'un nombre impressionnant d'organisations internationales. Les délégués de l'Ordre sont également accrédités auprès de nombreuses autres organisations internationales, y compris l'UNESCO, le Haut-Commissariat des Nations Unies pour les réfugiés, l'Organisation Mondiale de la Santé, le Comité International de la Croix-Rouge et le Conseil de l'Europe.

Le droit passif de légation est compliqué par le fait que l'Ordre n'a pas de territoire propre, mais un moyen de contourner cette difficulté dans la pratique serait l'accréditation de l'ambassadeur du pays pour la Terre Sainte, également pour l'Ordre.[2]

L'Ordre peut exercer le *jus contrahendi*, en concluant des traités avec différents États sur un pied d'égalité. Il délivre, comme mentionné, des passeports qui sont reconnus même par des États avec lesquels il n'a pas de relations diplomatiques, ainsi que des décorations reconnues par de nombreux États comme valablement offertes à leurs citoyens. Le Grand Maître et sa résidence officielle bénéficient d'un statut souverain. Le statut de l'Ordre en tant que sujet de droit international a été confirmé par

---

[1] Gazzoni, « Ordine di Malta », in *Enciclopedia del Diritto*, Vol. 31. 1980, pp. 1-22.

[2] G. Canasacchi, « La sovranita dell'Ordine di Malta », in *Relazioni internazionali*, Vol. 39, (1957), pp. 204-205.

de nombreuses décisions des tribunaux italiens, allant d'une décision ancienne mais autoritaire de la Cour de Cassation en 1935 à une décision récente rendue par la même Cour. Bien qu'il s'agisse de décisions de tribunaux internes, leur force peut être pleinement appréciée étant donné que le siège de l'Ordre se trouve précisément en Italie et que c'est sur la base de ces décisions que l'Ordre exerce, en partie, ses fonctions législatives, judiciaires et administratives.[1]

Concernant l'aspect religieux de la mission de l'Ordre en tant que « personne mixte », il existe néanmoins un lien entre l'Ordre et le Saint-Siège, manifesté par une dépendance spirituelle envers ce dernier et par une protection de sa part, sans toutefois affecter la personnalité internationale distincte de l'Ordre. Les chevaliers de l'Ordre de Malte, afin de pouvoir remplir leurs devoirs institutionnels, peuvent constituer des organisations dépendantes. Ces organisations mènent leurs activités quotidiennes pour soutenir l'Ordre dans sa mission dans plus de 120 pays.[2]

4. Les organisations internationales non gouvernementales : entre droits et défis

L'organisation internationale non gouvernementale est une association internationale, personne juridique, créée par initiative privée ou mixte, regroupant des personnes physiques ou juridiques de nationalités différentes, qui n'a pas pour but de réaliser des profits. Étant créées et administrées par des personnes physiques ou juridiques, pour bénéficier de la personnalité juridique, elles doivent être constituées conformément aux lois d'un État donné, la loi du pays d'origine étant applicable à toute ONG.[3]

---

[1] G. Canasacchi, « Il fondamento giuridico della soggettivita internazionale del Sovrano Militare di Malta », in *Giurisprudenza italiana*, Vol. 107 (1955-I,2), pp.737-747.
[2] D'Olivier Farran, « The Sovereign Order of Malta », in *International Law*, Vol. 3, 1954, pp. 217-233.
[3] Anna-Karin Lindblom, *Non-Governmental Organisations in International Law*, Cambridge, University Press, 2006, p. 159.

Les domaines d'activité d'une ONG peuvent inclure des actions humanitaires, des mouvements syndicaux, la promotion de valeurs culturelles ou religieuses, la protection de l'environnement, des activités sportives, ainsi que la promotion et la protection des droits de l'homme, et la coopération scientifique et culturelle, entre autres. À l'instar des corporations transnationales, les organisations non gouvernementales ont une personnalité juridique de droit interne.

Le statut juridique des organisations internationales non gouvernementales peut être abordé sous deux angles. D'une part, du point de vue des relations entre États, dans la plupart des cas, les ONG sont considérées par les États comme de simples associations internes soumises à leurs législations respectives, susceptibles d'être modifiées ou abrogées.[1] À ce jour, aucune convention internationale n'a été élaborée pour réglementer le statut et l'activité de telles organisations.

D'autre part, en ce qui concerne les relations avec les organisations internationales intergouvernementales, certaines ONG internationales sont invitées à participer ou voient leurs demandes de participation acceptées aux activités d'organisations intergouvernementales, à condition que le statut de celles-ci prévoie une telle participation. Cette pratique est notamment rencontrée dans le cadre de certains organes ou organisations intergouvernementales au sein du système des Nations Unies.[2]

Conformément au droit international, toutes les organisations créées par des personnes physiques sont considérées comme non gouvernementales, bien que certaines ONG, comme l'Organisation internationale de police criminelle (Interpol) ou le Comité international de la Croix-Rouge, collaborent avec les gouvernements des États. Selon les normes actuelles du droit international, ces ONG ne sont pas reconnues comme des sujets de droit international.[3]

---

[1] Nguen Quoch Dinh, Alain Pellet, Patrick Daillier, *Droit international public*, Paris, Edition LGDJ, 1987, p. 631.

[2] D. Carreau, *Droit international*, Paris, A. Pedone, 7-e édition, 2001, pp. 29-30 ; 149, p. 38.

[3] Ion M. Anghel, *Subiectele de drept internaţional*, Bucureşti, Editura Lumina-Lex, 1998, p. 303.

Apparues dès le XIXe siècle, il y a actuellement environ 8 000 ONG. Ces dernières jouent un rôle actif dans la vie internationale et, dans certains domaines, elles sont même leaders. Par exemple, l'Association de droit international (fondée en 1873) coordonne toutes les recherches scientifiques sur les problèmes contemporains du droit international public et privé. Les actes juridiques des ONG "occupent dans les relations de création des normes juridiques la même place que la doctrine du droit international". Les documents présentés par l'organisation internationale non gouvernementale "Association de droit international" revêtent un intérêt supérieur à celui des opinions de chercheurs individuels. L'organisation écologique "Greenpeace" contribue à la préservation de la sécurité écologique à l'échelle mondiale. Les sphères d'influence des organisations non gouvernementales s'élargissent continuellement.

L'activité des ONG exerce une certaine influence sur les relations de coopération interétatique dans des domaines spécifiques, tels que les droits de l'homme, les droits des enfants, les minorités nationales, les femmes, la protection de la santé, la recherche, la culture et l'information, etc.

De nombreuses ONG collaborent activement avec les organisations intergouvernementales, étant invitées à participer à leurs activités avec un statut consultatif. Par exemple, lors du Sommet de Rio de Janeiro sur la protection de l'environnement, environ 1400 organisations non gouvernementales étaient présentes. Les relations avec les ONG sont régies par les résolutions du Conseil économique et social des Nations Unies. Par la Résolution n° 1296 de l'ONU, les ONG ont été classées en trois catégories :

- par domaine d'activité : ces ONG présentent un intérêt majeur pour les activités du Conseil économique et social de l'ONU, car leurs activités coïncident avec celles du Conseil ;

- par compétence spéciale : c'est-à-dire que l'objectif fonctionnel des ONG de cette catégorie coïncide partiellement avec certaines activités du Conseil ;

- par type de participation : certaines ONG peuvent participer de manière permanente à la collaboration avec les organisations intergouvernementales, tandis que d'autres peuvent participer occasionnellement aux travaux du Conseil pour des consultations spéciales.[1]

En fonction de leur catégorie, les ONG se voient accorder certaines facilités dans leurs relations avec les organes du système des Nations Unies. La majorité des institutions spécialisées de l'ONU (à l'exception de l'Union postale universelle et des institutions financières) accordent un statut consultatif aux ONG. Certaines organisations non gouvernementales jouent un rôle important dans la vie internationale, dans les domaines des droits de l'homme, social, du développement et de la protection de l'environnement, ainsi que dans le débat sur l'intervention humanitaire, comme "Médecins sans frontières".

Ces organisations conservent leur autonomie mais peuvent mener des activités de coopération avec les États ainsi qu'avec les organisations intergouvernementales, ayant un statut consultatif, de coopération et de partenariat (voir l'art. 71 de la Charte de l'ONU). L'ONU reconnaît et a actuellement accrédité plus de 2000 ONG. Les conditions requises pour qu'une organisation non gouvernementale obtienne le statut consultatif au ECOSOC comprennent le soutien aux objectifs et activités de l'ONU, la représentativité et une identité formelle (siège social, filiales, employés), des activités non commerciales, pacifiques, la non-ingérence dans les affaires internes des États et l'autonomie par rapport aux institutions étatiques.

D'une importance particulière, la Convention sur la reconnaissance de la personnalité juridique des organisations internationales non gouvernementales a été adoptée au sein du Conseil de l'Europe en 1986, établissant les conditions de reconnaissance : avoir un but non lucratif d'utilité internationale, être créée par un acte de droit interne d'une partie et avoir son siège statutaire sur le territoire de celle-ci.[2]

Bien que certaines ONG contribuent, dans certaines limites, à la formation du droit international, elles ne possèdent pas un

---

[1] Raluca Miga-Beşteliu, *Drept internaţional public*, Bucureşti, Editura ALL BECK, vol. 1, 2005, p. 137.

[2] La Convention de 1986 sur la reconnaissance de la personnalité juridique des organisations internationales non gouvernementales, en vigueur depuis le 1.11.1991.

véritable statut juridique international.[1] Le rôle croissant des ONG sur la scène internationale impose une réglementation plus concrète de leur statut et de leurs activités dans les relations internationales.

Le statut international des ONG — en tant qu'organismes de droit privé — est pratiquement inexistant, les ONG n'ayant pas de personnalité juridique internationale, mais exerçant leurs activités sous l'empire du droit national de l'État où elles ont été fondées, même si elles peuvent acquérir la qualité d'associées à des organisations gouvernementales.[2]

Le statut juridique applicable aux ONG est celui de personne morale de droit privé, et la législation applicable varie d'un État à l'autre. Ainsi, en France, elles sont régies par la loi de 1901 sur les associations ; en Belgique, une législation spéciale a été élaborée pour faciliter leur mise en œuvre ; en Suède, les ONG sont supervisées par le SFI, qui contrôle la légalité des dons et leur interdit de consacrer plus de 25 % des fonds collectés à des problèmes administratifs et de communication ; en Allemagne, l'Institut allemand central pour les politiques sociales publie une liste des associations considérées comme sérieuses.[3]

Chaque ONG est tenue de respecter la législation d'un État, souvent une législation inadaptée à son objectif, le contrôle ou la pression plus ou moins ressentie pouvant affecter son activité et la poursuite de ses objectifs, qui peuvent parfois être contraires à la politique de l'État. Cependant, seuls les États peuvent fournir aux ONG les moyens logistiques et matériels nécessaires à une présence active sur leur territoire, ce qui rend la situation de ces organisations "indépendantes" des structures étatiques ambiguë.

Un seul texte international aborde la relation entre les ONG et les États, à savoir la Convention de Strasbourg du 24 avril 1986 élaborée par le Conseil de l'Europe sur la reconnaissance de la personnalité juridique des ONG, mais ce texte ne stipule que quelques principes de base concernant la reconnaissance de ces organisations et leur capacité juridique conférée par les États

---

[1] J. Touscoz, *Droit international*, Paris, Editions Dalloz, 1993, pp. 197-198.
[2]Agnes Gautier-Audebert, *Droit des relations internationales*, Vuibert, Paris, 2007, p. 110.
[3] *Le Monde*, 18 janvier 2005, cité par Agnes Gautier-Audebert, op.cit., p. 110.

parties ou de résidence, et cette convention n'a été ratifiée que par neuf États, dont la France.

Les ONG peuvent toutefois s'affilier à une organisation gouvernementale et collaborer avec ses organes spécialisés, comme nous l'avons précisé, et peuvent obtenir un statut consultatif accordé par le Conseil économique et social de l'ONU, certaines organisations pouvant même avoir le statut d'observateur lors des réunions publiques de celui-ci.

Dans une situation particulière se trouve le Comité international de la Croix-Rouge, une organisation institutionnalisée par les Conventions de Genève de 1949 relatives au droit humanitaire : l'organisation contribue à la mise en œuvre, au développement et à la coordination des actions des comités nationaux de la Croix-Rouge. D'un point de vue juridique, l'organisation est dotée d'une personnalité juridique internationale, comme une organisation gouvernementale, bien qu'elle ait été à l'origine une association privée constituée en vertu du Code civil suisse. Le Comité international de la Croix-Rouge a le statut d'observateur à l'Assemblée générale des Nations Unies.

Au niveau européen également, la Commission de l'Union européenne mène des consultations avec les ONG, existant même un document de 2000 qui régit ce partenariat. Plusieurs centaines d'organisations non gouvernementales reçoivent des fonds européens, ce qui souligne la nécessité d'une approche basée sur le dialogue et la transparence dans les échanges d'informations entre la Commission et les ONG ainsi financées.

D'ailleurs, de grandes entreprises signent également des partenariats avec les ONG pour bénéficier de leur expertise technique, notamment dans le domaine environnemental, mais aussi pour répondre aux attentes des consommateurs. Ainsi, cette collaboration vise à assurer un développement durable qui répond aux besoins actuels sans compromettre la capacité des générations futures à répondre aux leurs, alliant développement économique et social, protection de l'environnement et conservation des ressources naturelles.[1]

Pour atteindre leurs objectifs, les ONG réussissent à se procurer des moyens suffisants, même si elles sont par essence des organismes non étatiques et n'ont donc ni structure ni caractéristiques financières spécifiques. La plupart des ONG disposent d'un secrétariat international et d'un conseil multinational pour coordonner leurs activités, et l'accès à l'Internet favorise la promotion de leurs objectifs et actions spécifiques.

Un exemple éloquent est l'organisation Greenpeace, qui est capable de mettre en œuvre simultanément des actions de commandos, des recours judiciaires et des mobilisations significatives de militants, tout en médiatisant chaque action de ses représentants. L'organisation dispose d'environ 40 bureaux répartis à travers le monde, sur tous les continents, d'une flotte de quelques navires, de 1500 employés et de 15 000 bénévoles, ainsi que de ressources financières significatives (200 millions d'euros, par exemple, en 2004), ce qui facilite les actions qu'elle entreprend. L'organisation non gouvernementale Médecins sans frontières dispose d'environ 400 millions d'euros et de 20 000 personnes provenant de 80 pays, tandis que l'organisation évangélique d'origine américaine World Vision International (WVI), probablement la plus importante, dispose de 1,5 milliard de dollars et d'un nombre impressionnant d'employés et de bénévoles dans plus de 100 pays.[2]

Les ONG couvrent un large éventail d'activités, principalement de nature humanitaire et d'aide au développement durable. Cependant, d'autres domaines d'intérêt général sont également présents : politique, religion, droits de l'homme, sport, etc. Cela peut conduire à une classification des ONG selon le domaine dans lequel elles opèrent. Ainsi, nous avons des ONG politiques qui coordonnent l'orientation interne des différents partis nationaux, comme l'Internationale socialiste

---

[1] « Notre avenir à tous », Commission mondiale sur l'environnement et le développement, Editions du Fleuve et Les publications du Québec, Montréal, 1998.

[2] *Le Monde*, mardi 14 mars 2006, supplément économique, p. 5, cité par Agnes Gautier-Audebert, op.cit., p. 113.

créée en 1951, qui regroupe 161 partis et organisations politiques de tous les continents. Parmi les ONG syndicales, nous pouvons mentionner la Confédération européenne des syndicats, fondée en 1973, qui est composée des syndicats nationaux de la communauté européenne, environ 81 confédérations syndicales nationales et 12 fédérations syndicales européennes. Les ONG humanitaires ont pour objectif de mobiliser l'opinion publique et d'obtenir sa solidarité matérielle et politique. Parmi celles-ci, nous avons déjà mentionné la Croix-Rouge internationale, créée en 1863 par le Suisse Henri Dunant, Médecins sans frontières, fondée en 1971, dont les programmes s'occupent des personnes touchées par des catastrophes d'origine humaine, et Médecins du Monde, créée en 1980, dont la vocation est de soigner les populations en situation de crise et d'isolement partout dans le monde.

Parmi les organisations non gouvernementales religieuses, un rôle important est occupé par le Conseil œcuménique des Églises, fondé en 1948, qui rassemble environ 340 églises poursuivant l'unification de toutes les églises chrétiennes. Il existe également des ONG actives dans le domaine scientifique, parmi lesquelles le Mouvement Pugwash, créé en 1957, qui milite en faveur du désarmement et de la fin des conflits Est-Ouest. Un nombre important d'ONG œuvrent dans le domaine des droits de l'homme, parmi elles Amnesty International, fondée en 1960, qui milite pour le respect des droits de l'homme et de la dignité de l'être humain, ainsi que la Fédération Internationale des Droits de l'Homme (FIDH), créée en 1922, qui surveille l'application des législations en matière de droits de l'homme, met en lumière les lacunes dans les législations nationales, dénonce des situations particulières et propose des modifications législatives par l'intermédiaire des quelque 140 Ligues des Droits de l'Homme présentes dans divers pays du monde.

Les organisations non gouvernementales dans le domaine sportif se chargent de l'organisation de différentes compétitions sportives, fixent et contrôlent le respect des règles de jeu, désignent et certifient les arbitres des rencontres sportives internationales, soutiennent et promeuvent les activités et manifestations sportives. Parmi elles, citons la FIFA, la

Fédération Internationale de Football, l'Union Cycliste Internationale, le Comité International Olympique, etc.

Parmi les organisations non gouvernementales écologistes, la plus renommée est Greenpeace, qui lutte pour la protection de l'environnement, est présente dans 40 pays et repose sur le soutien de près de trois millions de sympathisants, mais aussi le World Wildlife Fund (WWF), première organisation mondiale consacrée à la protection de la nature, qui compte plus de 4,7 millions de membres dans le monde entier et est représentée par des bureaux nationaux dans 96 pays.

Indépendamment de leur objectif, les organisations non gouvernementales sont caractérisées par leur but non lucratif, ce qui les distingue des entreprises multinationales.

5. Les entreprises transnationales : sujets de droit international ou entités nationales ?

L'une des questions les plus complexes et controversées du droit international contemporain concerne la détermination de la place et du statut juridique des sociétés transnationales dans la société internationale. La question des relations entre les sociétés transnationales et le droit international reste ouverte.[1]

Toute définition des sociétés transnationales devrait prendre en compte leur objectif final, qui est lucratif et vise le profit, ce qui les distingue ainsi des organisations internationales non gouvernementales. En 1977, l'Institut de Droit International[2] définissait les sociétés transnationales (STN) comme étant « des entreprises formées d'un centre de décision situé dans un pays et de centres d'activité, avec ou sans personnalité juridique propre, localisés dans un ou plusieurs autres États ».

En doctrine juridique, persiste également le terme de « personne juridique internationale », attribué uniquement aux entités constituées en vertu d'un accord international de droit public.

---

[1] D. Carreau, op. cit., p. 242.

[2] A. Bolintineanu, Adrian Năstase, B. Aurescu, *Drept internaţional contemporan*, Bucureşti, Ed. Beck, 2000, p. 142.

Compte tenu de leur puissance économique, de la diversité de leurs activités (commerce, transport, extraction de matières premières, banques, assurances, réassurances) et surtout du fait que leurs opérations s'étendent dans de nombreux pays avec lesquels elles signent, dans de nombreux cas, des contrats d'État (relatifs à la fourniture de biens, de services, à l'octroi de concessions pour l'exploitation de ressources d'État, aux prêts), certains auteurs attribuent à ces sociétés la qualité de sujet de droit international.[1]

Ainsi, les sociétés transnationales sont des holdings d'une grande importance dans la société internationale, étant en même temps des sujets de droit international dans le contexte où elles entretiennent des relations avec d'autres sujets de droit international, en particulier les États. Elles recourent à tous les modes de règlement des différends existants en droit international et contribuent à la formation et à l'application du droit international.[2]

Cependant, d'autres experts en droit international estiment que les sociétés transnationales ne peuvent pas avoir la qualité de sujet de droit international, car, tant dans leur État d'origine que dans les États où elles ont des filiales, la personnalité juridique de ces entités découle de l'application du droit interne des États respectifs. Toute société transnationale est généralement liée à l'État dans lequel est située la société mère, dont le capital est majoritairement détenu par les citoyens de cet État. Ainsi, les relations juridiques de la société mère avec son État d'origine sont régies, en vertu du principe de territorialité, par le droit national de cet État. D'autre part, le groupe de sociétés auquel appartient la société de base, qu'il s'agisse de simples filiales de cette dernière ou d'entités juridiques distinctes de nationalités différentes, suit une politique propre qui pourrait ne pas coïncider avec celle de l'État d'origine du holding. Le conflit d'intérêts peut concerner divers domaines, tels que la fiscalité, le rapatriement des bénéfices, le transfert de technologies, le contrôle des échanges commerciaux, etc. Globalement, on

---

[1] J. Touscoz, *Droit international*, Paris, Editions Dalloz, 1993, p. 187.
[2] P. Malanczuk, *Akehurst's Modern Introduction to International Law*, London-New York, Routledge, 1997, pp.155-157.

constate que le phénomène de la transnationalisation a, jusqu'à présent, échappé aux régulations interétatiques.

Le droit international contemporain, encore dominé par les concepts du droit international classique, ne peut reconnaître en tant que sujets de droit international public que les entités publiques, et non les entités privées. Il met l'accent sur l'auteur de l'acte juridique, sur sa forme, et moins sur le contenu de cet acte. De ce point de vue, les sociétés transnationales ne sont destinataires de règles de droit international qu'indirectement, par l'intermédiaire d'un ordre juridique étatique.

Certains auteurs interprètent les contrats ou d'autres accords conclus par les États avec des entreprises étrangères comme des « accords quasi-internationaux », car ils seraient conclus sur la base de l'égalité.[1] Ainsi, on considère que les dispositions de ces accords expriment l'égalité entre les parties, en ce sens qu'aucune décision prise par l'État, législative ou d'une autre nature, ne modifiera l'accord et n'entravera son exécution, constituant ainsi des clauses de « stabilisation ». En cas de litige, les parties de tels accords s'adressent à l'arbitrage international pour résoudre leurs différends.

Concernant le droit applicable, il existe une variété de solutions, basées sur l'autonomie de la volonté des parties. Dans de nombreuses sentences arbitrales concernant ces accords, ont été appliquées non seulement des normes de droit interne de l'État contractant, mais aussi des principes généraux et des normes de droit international.

Compte tenu de ces aspects, certains auteurs affirment que les personnes juridiques, qui concluent de tels « accords quasi-internationaux » ou contrats avec des États, acquièrent également la capacité de sujet de droit international, en relation avec le contrat en question. La Convention de 1965 sur la protection des investissements, conclue dans le cadre de la Banque Mondiale, est également invoquée à cet égard ; elle prévoit qu'en l'absence d'accord, le tribunal arbitral pour le règlement des différends dans ce domaine applique le droit de l'État partie au différend, y

---

[1] G. Schwarzenberger, *International law and order*, London, Stevens, 1971, p. 21.

compris les règles de conflit de lois, ainsi que les principes de droit international dans ce domaine.[1]

En premier lieu, la formule « accords quasi-internationaux » nous paraît injustifiée ; les États peuvent participer à tout contrat, en tant que sujets de droit civil, et peuvent prendre tout engagement. Le fait que certains États se soient engagés à ne pas modifier leurs lois et à ne pas prendre de mesures qui entraveraient l'exécution du contrat s'explique par le rapport de forces existant, par la nécessité d'accès aux ressources financières et aux technologies, ressentie notamment par les pays moins développés. Cela ne confère cependant pas à ces contrats le caractère de traité international. Les soi-disant « contrats d'État » ne se distinguent pas des autres contrats.

En tant que partie à un tel contrat, l'État n'agit pas en qualité de sujet de droit international, même si le contrat contient des clauses qui correspondent au pouvoir public qu'il exerce dans l'ordre juridique interne.[2]

Comme il a été indiqué, le renvoi au droit international dans les contrats ou dans les sentences arbitrales a pour effet uniquement une « référence matérielle » à une source de droit, sans inclure le contrat dans l'ordre juridique international et sans conférer à la personne morale contractante la qualité de sujet de droit international.

De même, le fait que les États ayant conclu de tels contrats aient accepté que des normes de droit international soient applicables, de la même manière qu'ils auraient pu accepter les normes d'un autre État, ne signifie en aucun cas l'attribution de la qualité de sujet de droit international à l'entreprise partenaire. Aussi, si les tribunaux arbitraux – dont la juridiction a été acceptée par les États – ont trouvé utile de motiver leurs décisions sur la base des normes de droit international, cela ne peut avoir un tel effet.

Les tribunaux internes doivent également, dans des affaires de droit international privé, se prononcer souvent sur des

---

[1] La Convention de la Banque mondiale pour le règlement des différends relatifs aux investissements entre États et ressortissants d'autres États du 18 mars 1965 (site spécialisé https://www.worldbank.org/).

[2] I. Diaconu, *Tratat de drept internațional public*, București, Editura LEX, vol. I, 2002, p. 501.

questions préalables de droit international public (détermination de la nationalité d'une personne, application des privilèges et immunités diplomatiques). Les normes de droit international sont, dans ces cas, le « droit applicable », mais ni le contrat ne peut être assimilé à un traité, ni l'entreprise concernée à un État, et elle ne devient pas sujet de droit international.

Cependant, certains auteurs soutiennent qu'il existerait, parallèlement à l'ordre juridique international, un ordre juridique dit « transnational ». Celui-ci inclurait les principes généraux de droit inspirés des droits nationaux de divers États, ainsi que la lex mercatoria, les règles et usages du commerce international.[1]

Le droit international ne serait donc pas adéquat pour régir de telles relations. Toutefois, nous ne pouvons accepter l'existence d'un troisième ordre juridique. Le recours à l'arbitrage dans de tels cas est de nature ad hoc et n'est pas institué par un traité entre États, mais bien par le contrat conclu entre un État et une entreprise ayant la nationalité d'un autre État, ce qui le place en dehors de l'ordre juridique international.

Ainsi, les sociétés transnationales ne sont ni sujets, ni quasi-sujets de droit international ; elles sont constituées selon le droit interne de l'État d'origine et sont soumises aux règles juridiques de cet État ou à celles de plusieurs États. Le pouvoir économique acquis par certaines sociétés transnationales et leur capacité à négocier, souvent en position de force, avec de nombreux États, ne leur confère pas la qualité de sujet de droit international.

La Convention pour la protection des investissements, qui crée un Centre international pour le règlement des différends relatifs aux investissements, fait référence aux ressortissants d'autres États. Par « ressortissants d'autres États », on entend « toute personne juridique ayant la nationalité d'un État contractant autre que l'État partie au différend, ainsi que toute personne juridique ayant la nationalité d'un autre État contractant, partie au différend »[2].

---

[1] I. Diaconu, op.cit., p. 502.

[2] La Convention de la Banque mondiale pour le règlement des différends concernant les investissements entre États et ressortissants d'autres États du 18 mars 1965, art. 25 ; https://www.worldbank.org/ - le site officiel de la Banque mondiale.

Il est évident que les sociétés transnationales, selon cette Convention, sont des personnes juridiques de droit interne, définies par la nationalité d'un État contractant et pouvant être soumises à des procédures internes avant de pouvoir recourir au Centre pour des procédures de conciliation ou d'arbitrage. Rien dans les dispositions de cette Convention ne permet d'affirmer que la possibilité pour les sociétés transnationales de recourir à ces procédures, qui peuvent appliquer, en plus du droit interne de l'État concerné, des normes de droit international, leur confère un autre statut que celui prévu par la Convention.[1]

Les organisations internationales sont créées en tant que sujets de droit international par des traités entre deux ou plusieurs États ; ainsi, nous ne voyons pas comment un seul État, par la signature d'un accord avec une société transnationale, pourrait lui conférer la qualité de sujet de droit international.[2]

De même, comme dans le cas des personnes physiques, certains droits et obligations d'un sujet de droit proviennent d'un autre ordre juridique que celui où il est reconnu comme sujet de droit, en vertu de la volonté des parties exprimée par un contrat.

Le projet de code de conduite pour les sociétés transnationales, élaboré par la Commission des Sociétés Transnationales du Conseil Économique et Social de l'ONU et proposé *ad referendum*, ne laisse aucun doute sur la qualité de sujet de droit international de ces entités. Il n'a pas été question de leur reconnaître un autre statut. Ce document, bien qu'élaboré pour être adopté comme résolution, reflète l'opinion de la majorité des États ayant participé à sa rédaction.

En conclusion, les corporations transnationales sont des entreprises dont le centre de décision est situé dans un pays donné, mais qui exercent leurs activités dans un ou plusieurs pays par le biais de succursales ou de filiales suivant les stratégies et orientations managériales élaborées au niveau du centre de

---

[1] En outre, dans deux cas, le Centre international pour le règlement des différends liés aux investissements a annulé des décisions d'arbitrage antérieures pour cause de non-application des lois des États en litige et a eu recours directement aux normes du droit international.

[2] Ion Diaconu, *Tratat de drept internaţional public*, Bucureşti, Editura LEX, vol. I, 2002, p. 502.

décision unique.[1] Les corporations transnationales dominent la production, les échanges et les flux financiers internationaux, ainsi que les marchés financiers. Elles détiennent un pouvoir économique et financier plus grand que les États dans lesquels elles opèrent. L'ampleur et la complexité de leurs activités ont un fort impact politique sur les États, mais aussi sur les relations internationales qu'elles peuvent influencer, y compris par la création d'ONG aux objectifs politiques internes et internationaux.[2]

Du point de vue de leur personnalité juridique, les corporations transnationales ne disposent pas de personnalité juridique internationale ; elles sont régies par les lois internes de l'État où elles sont établies, mais entretiennent avec les États des rapports de partenariat, de coopération ou de concurrence pour occuper une place sur le marché, obtenir des matières premières, contrecarrer les puissances économiques exclusives d'un État développé, etc.

L'activité des corporations transnationales a été réglementée au niveau international, tant en ce qui concerne leurs droits que leurs obligations, dans le cadre d'institutions telles que l'OCDE, l'ONU et l'OIT, afin de respecter les normes internationales, la souveraineté des États, tout en protégeant l'environnement et en promouvant les inventions, l'innovation et la technologie.

Les relations internationales sont évidemment influencées par l'activité des corporations transnationales à travers l'augmentation de l'interdépendance économique entre les États, l'accélération de l'évolution vers un système économique transnational, la consolidation du libéralisme économique international ainsi que de la mondialisation.

La soumission des différentes formes de coopération interétatique aux normes de droit international et la qualification uniquement de ces institutions ainsi créées en tant qu'organisations internationales soulèvent la question de l'inclusion ou non des sociétés transnationales dans cette catégorie. Dans de nombreux cas, leur capital provient de plusieurs États, elles ont des filiales en dehors de leur pays

---

[1] M. Gounelle, *Relations Internationales*, 4e édition, Paris, Dalloz, 1998.

[2] Vasile Puşcaş, op.cit., pp. 173-174.

d'origine, leur personnel dirigeant peut être de nationalités diverses, et l'influence économique de certaines de ces sociétés limite ou excède la capacité de contrôle des gouvernements nationaux. Toutefois, les sociétés transnationales ne peuvent pas être assimilées aux organisations internationales intergouvernementales.

L'élément principal qui distingue ces deux catégories d'entités est de nature juridique : tandis que les sociétés transnationales sont des sujets de droit interne, les organisations internationales fonctionnent en vertu des normes de droit international et sont des sujets de l'ordre juridique interétatique. L'activité des sociétés transnationales n'est pas gouvernée par un seul système juridique ; elle doit se soumettre, avec de multiples variations, aux exigences des différents systèmes.

6. L'individu et les relations internationales : une analyse du statut juridique

Dans l'état actuel de l'évolution du droit international contemporain, l'individu, tout comme les sociétés transnationales, peut se voir attribuer la qualité d'acteur dans les relations internationales, bien que la reconnaissance de l'individu comme sujet dérivé de droit international ait connu une ouverture après la Seconde Guerre mondiale, la conception traditionnelle continuant à s'appliquer au niveau universel.[1]

Même si, dans certains cas, la personne physique peut être titulaire de droits et d'obligations dans des relations juridiques directes avec certains sujets de droit international, elle ne peut être créatrice de ces normes, bien qu'elle bénéficie de leurs dispositions et jouisse ainsi d'un certain statut en droit international.[2]

La question de la qualité de sujet de droit international pour l'individu est une problématique assez débattue dans la doctrine classique, faisant l'objet de nombreuses controverses entre les

---

[1] D. Carreau, *Droit international*, Paris, A. Pedone, 7-e édition, 2001, pp. 24-31.

[2] Adrian Năstase, *Drepturile omului, religie a sfârşitului de secol*, Bucureşti, Editura All Beck, 1992, p. 41.

auteurs qui reconnaissent cette qualité à l'individu et ceux qui lui refusent toute place dans l'ordre juridique international. Entre ces deux positions se situe également une catégorie distincte de ceux qui nuancent leurs réponses en fonction des concepts ou des notions juridiques dans lesquelles l'individu est placé.

L'évolution et la dynamique des opinions ont également été influencées par le rapport individu-État tel qu'il a évolué au cours de l'histoire des relations internationales. Ainsi, de ce point de vue, avec l'évolution de la création de l'État jusqu'à nos jours, le conflit – initialement latent, plus philosophique que juridique – est devenu visible en ce qui concerne la légitimité des « deux légitimités » – comme l'affirme Philippe Delmas dans une étude – de l'État et de l'individu.

Si, aux origines, l'État s'est prétendu l'unique légitimité (car l'Antiquité équivalait la notion d'être humain à celle de citoyen, l'intérêt de la cité étant prépondérant dans ce rapport), avec l'émergence du droit naturel – introduit par le christianisme – et de l'éveil des consciences individuelles – par la Réforme – la balance a commencé à pencher en faveur de l'individu. La proclamation, en 1776, à Philadelphie, des droits naturels de l'homme à la vie, à la liberté et au bonheur a donné une nouvelle orientation à ces théories.

Au début du XXe siècle, la doctrine a même remis en question la notion d'État comme sujet de droit international – avec son corollaire essentiel, la souveraineté. Des théoriciens renommés comme Georges Scelle, Nicolas Politis et Léon Duguit ont affirmé que seuls les individus peuvent être des sujets de droit, soutenant que la règle de droit « ne peut s'adresser qu'à une intelligence capable de la comprendre et de s'y conformer ». La majorité des auteurs de l'entre-deux-guerres[1] ont rejeté cette théorie, mais elle a gagné de nombreux adeptes dans la littérature juridique européenne après la Seconde Guerre mondiale[2].

Les théories solidaristes de Georges Scelle estiment que l'État, en tant que personne, est une fiction, la seule réalité étant

---

[1] D. Anzilotti, *Cours de droit international*, Paris, 1929, p. 123 ; H. Triepel, Les rapports entre le droit interne et le droit international, *Recueil des Cours*, vol. I, 1923, p. 82 ; W. Philimore, Droits et devoirs des Etats, *Recueil des Cours*, vol. I, 1923, p. 33.

[2] M. Sibert, *Traité de droit international public*, vol. I, Paris, 1951.

la personne physique prise individuellement et les relations interindividuelles basées sur la soi-disant « solidarité sociale », de sorte que les relations internationales deviennent des relations entre individus et groupes d'individus.

Léon Duguit considère que l'État n'est ni une personne juridique, ni une personne souveraine, mais le produit historique d'une différenciation sociale entre les classes, entre gouvernés et gouvernants, c'est-à-dire entre individus, sans qu'il n'existe une autre personnalité distincte, mais seulement un fédéralisme des classes.

Les arguments en faveur de la thèse selon laquelle l'individu est un sujet de droit international incluent le fait qu'il est sujet de la responsabilité pénale prévue en droit international, qu'il est destinataire et bénéficiaire des normes des conventions internationales relatives aux droits de l'homme et de leur garantie et qu'il peut de ce fait engager des actions devant des tribunaux internationaux, sa qualité de sujet actif de procédure étant reconnue (de même que celle de sujet passif).

Les situations survenues après la Seconde Guerre mondiale viennent appuyer ces théories. Ainsi, grâce aux jugements des tribunaux internationaux de Nuremberg et de Tokyo, des criminels de guerre ou des personnes ayant commis des crimes contre la communauté ont été condamnés. Dans le domaine de la protection internationale des droits de l'homme, l'individu se voit reconnaître la qualité de partie devant les tribunaux internationaux : les personnes physiques ont le droit de saisir la Cour européenne des droits de l'homme et la Cour de justice des communautés européennes.

Certains auteurs contemporains ont soutenu que par la signature et la ratification de la Charte des Nations Unies, les États ont reconnu que les droits de l'homme et les libertés fondamentales ne relèvent plus seulement de la juridiction nationale, mais deviennent une question de droit international, et que des droits et prérogatives internationaux sont ainsi conférés aux individus. Par exemple, les États signataires du Protocole facultatif au Pacte international relatif aux droits civils et politiques, adopté dans le cadre de l'ONU, reconnaissent aux individus la possibilité de saisir le Comité des droits de l'homme en cas de violations potentielles des droits énoncés dans le Pacte, perpétrées par l'État sous la juridiction duquel ils se trouvent. Les mêmes procédures existent au sein des Commissions pour les minorités, contre les discriminations raciales, contre la torture, pour la protection des femmes, etc.[1]

Les théoriciens qui se sont opposés à la reconnaissance de l'individu en tant que sujet de droit international affirment que l'exercice par les individus de leurs droits et libertés fondamentaux (dépôt de plaintes individuelles) n'est possible que si l'État en question est signataire des conventions internationales pertinentes.

Certains auteurs nuançant cette réponse à la controverse estiment qu'il n'existe pas de règle interdisant à l'individu la qualité de sujet de droit international et jugent qu'il possède, dans certains contextes, une personnalité juridique internationale. Cependant, la qualification de sujet de droit international impliquerait des prérogatives qui n'existent pas.[2] Ainsi, la personnalité juridique de l'individu est reconnue, mais elle est considérée comme dérivée, dans le sens où elle ne peut être conférée que par les États lorsque ceux-ci sont parties à des traités ou coutumes qui confèrent des droits internationaux aux individus.[3] D'autres auteurs se contentent de définir les individus (et même d'autres entités potentielles sujettes à débat) comme de simples « acteurs » des relations internationales, en particulier à la lumière des réalités d'après la Seconde Guerre mondiale.[4]

Dans les rapports juridiques internationaux, l'individu n'apparaît donc — ni procéduralement ni substantiellement — que comme bénéficiaire indirect des normes de droit international, sans être un sujet actif, créateur ou destinataire direct. Il ne dispose pas d'une capacité juridique propre et indépendante vis-à-vis des États. Seuls ces derniers peuvent devenir parties aux traités internationaux ; ainsi, si un État retire sa participation à une convention internationale, ou avant de la

---

[1] Voir Raluca Miga-Beşteliu, *Introducere în dreptul internaţional public*, Editura ALL, Bucuresti, 1998.

[2] V.I. Bownlie, *Principles of Public International Law*, 1990, p. 67.

[3] V. Michael Akehurst, *A Modern Introduction to International Law*, London, 1985, pp. 59-60.

[4] Dominique Carreau, *Droit international public*, Paris, 1988, pp. 24-31.

signer, l'individu se trouve dépourvu de toute personnalité juridique devant les juridictions ou organisations internationales.

Ainsi, pour être qualifié de sujet de droit international, l'individu devrait être à la fois destinataire et créateur des normes de droit international, ce qui impliquerait une atténuation du rôle des États, qui servent actuellement d'« écrans » entre l'individu et les autres sujets de droit international.[1] Les individus devraient avoir la capacité de créer des actes internationaux et d'être tenus responsables d'actes produisant des effets juridiques en droit international.

On peut néanmoins évoquer, en droit international, une tendance vers l'humanisation, par laquelle des normes et institutions visent à protéger les droits et libertés des individus, en tant que bénéficiaires ultimes.

Le statut juridique des personnes physiques est établi en fonction du droit interne de l'État sur le territoire duquel elles se trouvent, qu'il s'agisse de l'État d'origine ou d'accueil. Une personne physique peut être un citoyen — par naissance ou par naturalisation —, un apatride ou un étranger. Dans ces situations, l'individu bénéficie de la protection générale des droits et libertés fondamentaux, mais également de devoirs corrélatifs en fonction de son statut juridique, pouvant être sujet d'extradition, d'expulsion, du droit d'asile ou du statut de réfugié ou demandeur d'asile diplomatique.

Au-delà des dispositions constitutionnelles, les clauses des conventions internationales visent à protéger les droits et libertés fondamentaux de l'individu, comme le stipulent également la Constitution de la Roumanie et d'autres nations.

Historiquement, l'idée que l'individu possède des droits naturels, inhérents à sa qualité d'être humain, trouve ses racines dans la conception chrétienne de l'homme. Les théologiens espagnols, précurseurs de la science du droit international, ont exprimé leur indignation face aux traitements inhumains infligés aux habitants des territoires devenant colonies espagnoles ou portugaises.

Le concept des droits de l'homme a été formulé pour la première fois au XVIIIe siècle, dans la philosophie du « droit

---

[1] Simone Dreyfus, *Droit des Relations Internationales*, Paris, 1968, p. 68.

naturel et des gens », dont Jean-Jacques Rousseau s'est inspiré dans son *Contrat social*, et qui a ensuite été reprise lors de la Révolution française de 1789, mais que l'on retrouve également dans la Déclaration d'indépendance de 1776, conséquence de la Révolution américaine.

Ces concepts ont trouvé une concrétisation dans la constitution anglaise avec le Bill of Rights de 1689 et dans la Constitution des États-Unis en 1791, mais selon la plupart des théoriciens, c'est pour la première fois dans la Magna Carta Libertatum[1] de 1215 que le droit à un procès équitable est institué.

La question des droits de l'homme abordée dans ces documents comporte donc à la fois une dimension philosophique, qui conduit à considérer l'individu comme sujet de droits opposables à l'État, et une dimension juridique, visant à intégrer le statut de sujet de droit non seulement dans des instruments juridiques nationaux, mais aussi dans des instruments internationaux, et par la suite à insister sur ces derniers en créant des mécanismes internationaux spécifiques de protection et de garantie de ces droits.

La protection des droits de l'homme a pris une ampleur particulière et un caractère impératif après la Seconde Guerre mondiale, lorsque les droits de l'homme ont commencé à être explicitement réglementés et garantis par des traités et des institutions internationales.

Le document fondamental à cet égard est la Déclaration universelle des droits de l'homme, proclamée le 10 décembre 1948 — premier document international à vocation universelle, qui repose sur la déclaration de l'article 1er : « Tous les êtres humains naissent libres et égaux en droits », ainsi que sur le fait que tous ces droits sont universels et inaliénables. Bien qu'elle n'ait pas de force obligatoire, l'incorporation de ses dispositions dans les Constitutions des États ou leur invocation en jurisprudence lui a conféré la valeur d'un document contenant des principes et des normes générales.

---

[1] Paul Sieghart, *The International law of Human Rights*, Clarendon Press, 1983, p. 8.

Après 1948, plus de 60 conventions et déclarations sur les droits de l'homme ont été adoptées dans le cadre de l'ONU, ainsi que des mécanismes pour leur mise en œuvre.

Le Protocole facultatif au Pacte international relatif aux droits civils et politiques est important, car il reconnaît la compétence du Comité des droits de l'homme pour recevoir et examiner les communications de personnes privées se prétendant victimes de violations du Pacte par un État. Ainsi, la capacité de l'individu à défendre ses droits au niveau international[1] est reconnue, dans une position procédurale d'égalité avec l'État en question.

De même, le Comité pour l'élimination de la discrimination raciale[2] est habilité à recevoir, d'une part, des rapports des États parties sur des problèmes spécifiques de discrimination, et d'autre part, des communications de personnes ou de groupes de personnes concernant les mêmes problèmes, à condition que ces personnes soient citoyennes d'un État signataire de la Convention et soumis à la juridiction de ce Comité. Les personnes physiques jouissent également du droit de déposer des plaintes pour violation de droits fondamentaux devant le Comité contre la torture, dans les mêmes conditions mentionnées précédemment[3], ainsi que devant l'Organisation des Nations unies pour l'éducation, la science et la culture (UNESCO)[4].

Les systèmes régionaux de protection des droits de l'homme reconnaissent et proclament également les droits fondamentaux de l'individu (systèmes européen, américain et africain). Parmi eux, le système européen a cependant institué un mécanisme de protection bien plus avancé et efficace[5] – d'abord par le biais de la Commission et de la Cour, puis uniquement par la Cour européenne des droits de l'homme, dont le siège est à Strasbourg.

---

[1] A. De Zayas, J. Th. Moller et T. Opashi, « Aplication of the International Convenant on Civil and Political Rights under the Optional Protocol by the Human Rights Committee », in *German Yearbook of International Law*, vol. 28, 1985, pp. 9-64.

[2] Créé en 1970, basé sur l'art. 8 de la Convention internationale sur l'élimination de toutes les formes de discrimination raciale.

[3] Articles 19 à 24 de la Convention de 1984 contre la torture et autres peines ou traitements cruels.

[4] Selon une décision du Conseil exécutif de l'UNESCO en 1978.

[5] G. Cohen-Jonathan, *La Convention Européenne des Droits de l'Homme*, Economica, Paris, 1989, p. 278 et s.

Cette institution peut être saisie d'une requête par toute personne physique, organisation non gouvernementale ou groupe de particuliers se prétendant victime d'une violation des droits reconnus dans la Convention signée à Rome : « La Cour peut être saisie d'une requête par toute personne physique, organisation non gouvernementale ou groupe de particuliers se prétendant victime d'une violation... ».

Ainsi, les citoyens de l'Union européenne jouissent du droit de s'adresser à toute institution ou organisme communautaire et de recevoir une réponse de leur part. L'un des arguments les plus solides avancés par les partisans de la théorie selon laquelle l'individu peut être sujet de droit international est la reconnaissance de celui-ci en tant que sujet actif de la responsabilité pénale en droit international.[1]

La responsabilité pénale, telle qu'elle était perçue dès le droit romain, est un attribut de l'homme, de la personne physique, seule personne réelle ; ainsi, elle n'incombe pas à l'État mais à ses représentants, ce qui explique le rejet de l'idée de la responsabilité pénale de la personne morale, considérée comme une pure fiction (*societas delinquere non potest*). Attribuer cette responsabilité à l'État reviendrait à exonérer les véritables auteurs des crimes de droit international.

Certains opposants à cette théorie considèrent que, bien que les individus soient pénalement responsables de faits prévus par le droit interne, mais aussi de faits tels que le génocide, les crimes de guerre, les crimes contre la paix et l'humanité, ils sont sanctionnés selon les lois pénales internes et jugés par des tribunaux nationaux ; lorsqu'ils répondent devant des tribunaux internationaux, ils le font en tant qu'organes ou représentants des États ayant commis des actes illicites.

Au Moyen Âge, à mesure que l'idée sociale remplaçait progressivement la conception individualiste, la théorie de la capacité délictuelle des corporations s'imposa, devenant classique et reconnue, confirmée par des normes législatives

---

[1] H. Lauterpacht, *International Law and Human Rights*, London, 1950, p. 15 ; G. Sperdutti, « L'individu et le droit international », *Recueil des Cours*, 1956, p. 824 ; D.P. O'Connell, « La personnalité en droit international », *RGDIP*, 1963, p. 35.

établissant la responsabilité des communautés urbaines, rurales, etc., pour des actes de violence, entre autres. Cette conception fut cependant rejetée durant les révolutions bourgeoises, lorsque le principe du droit pénal retrouva sa primauté, et la théorie selon laquelle « punir une personne morale comme coupable d'un délit constitue une violation du principe romain exigeant l'identité entre le délinquant et le condamné » devint unanimement acceptée.[1]

Au début du XXe siècle, la question de la détermination du sujet de la responsabilité pénale demeurait controversée, la doctrine se répartissant en trois courants. Une première conception considérait que la personne morale, étant une fiction, ne pouvait agir sur le plan juridique et ne pouvait donc commettre un crime, ce qui la dégageait de toute responsabilité pénale[2], car la commission d'un crime implique l'action d'une personne dotée de volonté propre. Ainsi, les personnes morales ne peuvent être tenues responsables puisqu'elles n'ont pas de volonté propre ; les membres et fonctionnaires des personnes morales ne pourraient être tenus responsables que s'ils participaient tous à la commission d'un crime.

Une deuxième conception soutient que les personnes morales, tout comme les personnes physiques, ont la capacité de commettre des crimes, puisqu'elles sont des êtres réels, dotés d'une volonté propre distincte de celle de leurs membres et, par conséquent, devraient être pénalement responsables et punies pour les infractions qu'elles commettent.[3] Certains auteurs ont étendu cette conception en incriminant la responsabilité internationale de l'État, notamment en ce qui concerne la responsabilité pénale pour crimes internationaux.[4]

---

[1] Savigny, *System des heutigen romischen Recht*, 1840.

[2] Haus, *Principes généraux de droit pénal belge*, 2e éd., vol. 1, p. 257, Braas, *Traité élémentaire de droit pénal*, p. 67.

[3] Maestre, *Les personnes morales et le problème de leur responsabilité pénale*, 1899, p. 137 ; R. Valeur, *La responsabilité pénale des personnes morales*, 1931, p. 64 et s.

[4] Jacque Dumas, *Responsabilité internationale des Etats*, 1930, p. 111 et s. ; Donnedieu de Vabres, *Traité de droit criminel et de législation pénale comparée*, 3e éd., 1947, p. 148 et s.

D'autres auteurs, auxquels nous nous rattachons, considèrent qu'il est inacceptable d'admettre la personnification réelle des personnes morales, et donc de l'État, car cela serait en contradiction avec les principes fondamentaux de la responsabilité pénale et avec la nature du droit international contemporain.[1]

Ainsi, la responsabilité pénale est un attribut de l'homme, de la personne physique, et non d'une collectivité ; la responsabilité pénale, dans le cas d'actes illicites de nature pénale commis par un État contre un autre État, revient aux représentants de cet État, à ceux qui ont ordonné ou exécuté ces actions, car aucun acte criminel orchestré par un État ne pourrait dépasser le stade de simple projet sans l'intervention de personnes pour l'exécuter.[2]

Déclarer que la responsabilité pénale incombe à l'État et non à l'individu entraînerait l'exonération *ipso facto* des véritables auteurs des crimes de droit international.

D'ailleurs, le droit international positif a consacré dans de nombreux actes le principe de la responsabilité pénale individuelle pour les crimes commis au nom de l'État.

Ainsi, le principe de la responsabilité individuelle a été inscrit dans le Traité de Versailles de 1919 (articles 227 et 228), par lequel l'ancien Empereur d'Allemagne Guillaume II de Hohenzollern a été déclaré solidairement responsable avec le gouvernement allemand pour les actes de guerre. Par ailleurs, le Traité de Washington de 1922, ratifié par les États-Unis, la Grande-Bretagne, l'Italie et le Japon, concernant les sous-marins et les gaz asphyxiants, reconnaît le principe de la responsabilité individuelle.

Le principe a été défini pour la première fois, comme mentionné précédemment, dans les Statuts des tribunaux militaires internationaux établis ad hoc à Nuremberg et à Tokyo, et a ensuite été repris et confirmé par la Résolution 95 de l'Assemblée générale des Nations Unies du 11 décembre 1946, ainsi que dans la Convention sur le génocide et le Projet de Code

---

[1] Grigore Geamănu, *Drept internațional public*, Editura Didactică şi Pedagogică, Bucureşti, 1975 ; P. Drost, *The Crime of State*, Leiden, 1950, p. 283 ; Stanislav Plawski, *Etudes des principes fondamentaux du droit international pénal*, Paris, 1972, pp. 56-67.

[2] Claude Lombois, *Droit pénal international*, 2e éd., Paris, 1979, p. 36.

des crimes contre la paix et la sécurité de l'humanité, adopté par la Commission du droit international de l'ONU en 1954.

La même solution est adoptée dans le jugement du Tribunal de Nuremberg, selon lequel les coupables de crimes contre le droit international sont des individus et non des entités abstraites (les États). Cependant, cela n'exclut pas non plus la possibilité de la responsabilité des groupes ou organisations coupables de crimes de guerre auxquels ces individus appartiennent, mais la responsabilité collective n'exclut pas non plus la responsabilité individuelle. Ainsi, la responsabilité pénale individuelle en droit international n'exclut pas la responsabilité juridique internationale des États, considérant que cela a pour importance d'établir à la charge des États la responsabilité matérielle pour les dommages causés, ainsi que l'application de sanctions (individuelles ou collectives, dans le cadre de l'ONU).

Une autre théorie continue cependant de coexister, soutenue par certains auteurs de droit constitutionnel et international, qui estiment qu'un individu ne peut être tenu responsable par un autre État pour les actes qu'il a commis s'ils ont été réalisés avec les instructions, l'approbation ou au nom de l'État auquel il appartient, en vertu de l'ancienne théorie de la souveraineté absolue qui consacre à l'État une personnalité surnaturelle, omnipotente et irresponsable : « Étant souverains, les États ne répondent que devant eux-mêmes »[1]. Ainsi, l'individu ne pourrait pas être tenu responsable au niveau international s'il commet un « acte d'État », car cet aspect serait contraire à la règle de l'immunité de juridiction, selon laquelle un État ne peut être soumis à la juridiction d'un autre État (cela s'applique également à ses membres). Cette théorie représente en fait une transposition en droit international de la théorie de l'acte de gouvernement en droit administratif, qui, dans son propre domaine, a également eu des partisans et des adversaires parmi les théoriciens.

Il est scientifiquement erroné, tout d'abord, de transposer en droit international une règle de droit administratif et *de facto* cette théorie exonérerait de responsabilité les personnes coupables de crimes de guerre, qu'il s'agisse d'individus ou d'États, ce qui

---

[1] Funk Bretano et Albert Sorel, *Précis du droit des gens*, 3e éd., Paris, 1900, p. 224 et s.

compromettrait l'idée de justice dans les relations internationales.[1] Accepter l'exonération de responsabilité sous prétexte d'avoir agi sous l'ordre d'un supérieur signifie justifier les crimes les plus graves et paralyser toute administration de la justice. Il serait donc équitable que soit considéré comme responsable tant l'auteur matériel ayant agi sur ordre que le supérieur hiérarchique ayant émis cet ordre.

Dès 1919, la Commission sur la responsabilité des auteurs de guerre et des sanctions reconnaît à la justice le droit d'agir et d'apprécier chaque situation en particulier, allant de l'acquittement d'un auteur dans certains cas concrets à la réduction de la peine de l'auteur matériel, l'ordre du supérieur constituant une circonstance atténuante, en fonction de la situation concrète dans laquelle l'infraction a été commise[2], y compris l'évaluation de la capacité de l'auteur à se soustraire ou non à l'exécution de l'ordre reçu.

Le principe de la responsabilité pénale de l'individu pour violation du droit international est cependant globalisé par le Statut de la Cour pénale internationale, adopté à Rome en 1998, signé également par la Roumanie en 1999, qui établit clairement la possibilité institutionnalisée de sanctionner un individu pour la commission de crimes de guerre par un tribunal de caractère international, un argument qui soutient pleinement que la modernité commence à accepter et à embrasser de plus en plus pleinement la qualité de sujet de droit international de l'individu et que l'avenir ne peut que suivre cette tendance.

---

[1] Glaser St., « L'acte d'État et le problème de la responsabilité individuelle », dans Revue de droit pénal et de criminologie, n°1/1950, pp. 1-17.

[2] St. Glaser, *Infraction internationale. Ses éléments constitutifs et ses aspects juridiques. Exposés sur la base du droit pénal comparé*, Bruxelles/Paris, Bruyllant, 1957, pp. 95, 188 et s.

Conclusions

Les questions analysées dans ce travail reflètent l'évolution du monde contemporain et sont donc en constante transformation, tant en ce qui concerne leur nature que leur pertinence. La rapidité des déplacements humains, le transport des marchandises, les innovations technologiques, la dynamique démographique, la perception hétérogène des conflits politiques et militaires, ainsi que l'influence et la pression constante exercées par les médias et l'opinion publique sur le pouvoir politique, confèrent à la scène internationale un dynamisme toujours surprenant. C'est pourquoi nous estimons que l'étude des relations internationales avec des moyens uniquement traditionnels n'est plus suffisante.

Le « système international » est désormais si complexe et diversifié qu'il peut influencer tous les événements politiques nationaux, toutes les dynamiques au sein des groupes sociaux, et toutes les décisions individuelles concernant la vie personnelle ou professionnelle.

L'analyse des relations internationales proposée dans ce travail n'a ni valeur absolue ni caractère permanent. Il suffit de modifier l'ordre des concepts utilisés, l'angle d'observation ou la position de l'observateur (citoyen, souverain, sujet international de droit privé, etc.) pour changer de paradigme. Par ailleurs, toute l'histoire récente est marquée par l'interaction entre les grandes puissances mondiales et leur défi de contrôler le pouvoir politique ou de maintenir une suprématie économique. La période entre la fin de la Seconde Guerre mondiale et les grandes transformations politiques en Europe de l'Est (appelée dans les analyses « la guerre froide ») a été dominée par la compétition stratégique et nucléaire entre les grandes puissances, mais aussi par la construction européenne.

Il est évident que toute modification de l'une des variables qui définissent ou caractérisent les relations internationales entraînera une transformation de l'analyse à tous les niveaux possibles. Rien que la tentative de définir le terme « mondialisation » nous confronte, dans les analyses doctrinales ou les discours politiques, à des approches différentes : qu'il s'agisse des phénomènes économiques, notamment des échanges commerciaux internationaux, des principaux moments historiques, de la bonne entente entre souverains et de la coopération institutionnelle entre États, ou encore, plus récemment, des transformations impressionnantes dues aux progrès technologiques et à la communication rapide et immédiate.

Où que l'on aborde une conversation sur la mondialisation et l'interaction entre les acteurs des relations internationales, avec tous les avantages et inconvénients qui en découlent, on suscitera toujours des débats et des contradictions, ces phénomènes étant en constante évolution et d'un réel intérêt pour les individus.

Bibliographie

Achimescu Carmen Gina, Gâlea Ion, *Drept internațional public*, Editura Hamangiu, București, 2023.

Adler Emanuel, « Seeds of Peaceful Change: The OSCE's Security Community-Building Model », in Adler Emanuel, Barnett Michael (eds.), *Security Communities*, Cambridge University Press, Cambridge, 1988.

Adler Emanuel, Barnett Michael, « A Framework for the Study of Security Communities », in Adler E., Barnett M. (eds.), *Security Communities*, Cambridge Studies in International Relations, Cambridge University Press, 1998.

Akehurst V. Michael, *A Modern Introduction to International Law*, London, 1985.

Andronovici C., *Dreptul internațional public*, Editura Chemarea, Iași, 2004.

Anghel Ion M., *Subiectele de drept internațional*, Editura Lumina-Lex, București, 1998.

Anghel Ion M., *Drept diplomatic și consular*, Editura Lumina-Lex, București,1996.

Anghel Ion M., *Dreptul tratatelor*, vol.1, Editura Lumina-Lex, București, 1993.

Anghel Ion M., *Subiectele de drept internațional*, București, Editura Lumina-Lex, 1998.

Anzilotti D., *Cours de Droit international. Premier volume : Introduction – Théories générales*, Paris, Sirey, 1929.

Armstrong David, *Revolution and World Order. The Revolutionary State in International Society*, Clarendon Press, Oxford, 1993-1995.

Aron Raymond, *Paix et guerre entre nations*, Paris, Calmann-Levy, 1968.

Attina Fulvio, *Il sistema politico globale*, Roma, Editura Laterza, 1999.

Balan O., Serbenco E., *Drept internațional public*, vol. 1, Tipografia „Reclama", Chișinău, 2001.

Baylis John, « International and Global Security in the post-Cold War Era, in Baylis John, Smith Steve (eds,), *The*

Globalization of World Politics, An Introduction to International Relantions, Oxford University Press, Oxford, 2022.

Biersteker Thomas J., « State, Sovereignty and Territory », in Walter Carlsnaes, Thomas Risse, Beth A. Simmons (eds.), *Handbook of International Relations*, Sage Publications, London, 2002.

Bolintineanu A., Năstase A., Aurescu B., *Drept internaţional contemporan*, ediţia a 2-a, Editura Beck, Bucureşti, 2000.

Botău Diana, Constantin Valentin, *Drept internațional. Partea generală*, Editura Hamangiu, Bucureşti, 2023.

Bownlie V.I., *Principles of Public International Law*, Clarendon Press, Oxford, 1990.

Braas A., *Traité élémentaire de droit pénal*, Bruylant, Brussel, 1927.

Braillard Philippe, Djaili Mohamad-Reza, *Les relations internationales*, PUF, 1994.

Braillard Phillippe, Djallili Mohammad-Reza, *Les relations internationales*, PUF, Paris, 2007.

Brătianu Gh. I., *L'Organisation de la Paix dans l'histoire universelle*, Bucureşti, Editura Enciclopedică, 1997.

Bretano Funk, Sorel Albert, *Précis du droit des gens*, 3e éd., Paris, Plon, 1900.

Breycha-Vauthier A.C., « Renouveau de l'Ordre Hospitalier de Jean dit de Malte », in *La Charte Constitutionnelle de 1956*, Vol. 18/1957-1958.

Breycha-Vauthier A.C., Potulicki M., « The Order of St. John », in *International Law*, Vol. 48/1954.

Brownlie I., *Principles of Public International Law*, Oxford, Clarendon University Press, 2003.

Bull Hedley, *The anarchical society*, London, Macmillan, 1977.

Bull Hedley, *Societatea anarhică. Un studiu asupra ordinii în politica mondială*, Editura Ştiinţa, Chişinău, 1998.

Buzan Barry, « Is International Security possible? », in Ken Booth (ed.), *New Thinking about Strategy and International Securty*, Routledge, London, 1991.

Buzan Barry, *Popoarele, Statele si teama. O agendă pentru studii de securitate internaţională în epoca de după Războiul Rece*, Editura Cartier, Chişinău, 2000.

Canasacchi G., « Il fondamento giuridico della soggettivita internazionale del Sovrano Militare di Malta », in *Giurisprudenza italiana*, Vol. 107/1955-I,2.

Canasacchi G., « La sovranita dell'Ordine di Malta », in *Relazioni internazionali*, Vol. 39/1957.

Carley P., *Sovereignty, Territorial Integrity, and the Right to Secession*, Report from a Roundtable Held in Conjunction with the U.S. Department of Policy Planning Staff, Peace works paper no.7, March 1996.

Carreau D., *Droit international*, 7e édition, Paris, A. Pedone, 2001.

Carreau Dominique, *Droit international Public*, Paris, A. Pedone, 1988.

Ciucă Aurora, *Mozaic de drept internațional și drepturile omului*, Editura Universul Juridic, București, 2024.

Cloşca I., *Dicţionar de drept internaţional public*, Editura Ştiinţifică şi enciclopedică, Bucureşti, 1982.

Cloşca Ion, *Dicţionar de drept internaţional public*, Editura Ştiinţifică şi enciclopedică, Bucureşti, 1982.

Cohen Samy, *La résistance des Etats*, Seuil, Paris, 2003.

Cohen-Jonathan G., *La Convention Européenne des Droits de l'homme*, Economica, Paris, 1989.

Cressent Camille, *La responsabilité pénale des personnes morales pour violations graves du droit international*, Thèse Droit, Université de Lille, 2024.

Creţu V., *Drept internaţional penal*, Editura Tempus, Bucureşti,1996.

Davis L.E., *Globalization's Security Implications*, Issue Paper, Washington D.C., NDU, 2003.

Dănişor Dan Claudiu, *Tratat de Drept constituţional şi instituţii politice*, vol. I, Editura C.H. Beck, Bucureşti, 2007.

Dănișor Diana, Dănișor Gheorghe, *Filosofia drepturilor omului. O critică a modernității*; Editura Universul Juridic, București, 2024.

Dănișor Diana, *Judecătorul - „gură a legii" sau jurisprudența – sursă a dreptului*, Editura C.H. Beck, București, 2024.

Dănişor Diana, *Les métaphores juridiques créatrices de réalités. Depuis l'Etat et le droit à l'Etat de droit*, Editions L'Harmattan, Paris, 2023.

Dănişor Diana, Oancea Elena, *Les fondements kantiens du droit de punir* Editions L'Harmattan, Paris, 2024.

Deutsch Karl W. et all., *Political Community and the North Atlantic Area. International Organization in the Light of Historical Experience*, Princeton University, Press, Princeton, N.J., 1957.

Diaconu I., *Tratat de drept internaţional public*, vol. I, Editura LEX, Bucureşti, 2002.

Diaconu Ion, *Tratat de drept internaţional public*, vol. I, Editura LEX, Bucureşti, 2002.

Dincu A., *Bazele criminologiei*, Editura Proarcadia, Bucureşti,1993.

Dinh Nguen Quoch, Pellet Alain, Daillier Patrick, *Droit international public*, Paris, Edition LGDJ, 1987.

Dreyfus Simone, *Droit des Relations Internationales*, Paris, Cujas, 1992.

Drost P., *The Crime of State*, Leiden, Sythoff, 1950.

Dumas Jacque, *Responsabilité Internationale des États, à raison de Crimes ou de délits commis sur leur Territoire au Préjudice d'Étrangers*, Paris, Recueil Sirey, 1930.

Dumitrescu Livia, *Drept diplomatic şi consular. Note de curs*, Editura Aius, Craiova, 2008.

Dupuy P.M., *Droit international public*, 5e édition, Paris, Dalloz, 2000.

Ecobescu N., Duculescu V., *Drepturile şi obligaţiile fundamentale ale statelor*, Editura Continent XXI, Bucureşti, 1976, p.191;

Farran D'Olivier, « The Sovereign Order of Malta », in *International Law*, Vol. 3/1954.

Franck M.T., *Fairness, International law and institutions*, Oxford, 1995.

Gautier-Audebert Agnes, *Droit de relations internationale*, Vuibert, Paris, 2007.

Gazzoni Francesco, « Ordine di Malta », in *Enciclopedia del Diritto*, Vol. 31, Francesco Santoro-Passarelli, Giuffrè, 1980.

Geamănu Grigore, *Drept Internaţional Public*, vol. 1, Editura Didactica şi Pedagogica, Bucureşti, 1981.

Geamănu Grigore, *Drept Internaţional contemporan*, Editura Didactică şi Pedagogică, Bucureşti, 1995.

Geamănu Grigore, *Drept internaţional public*, Editura Didactică şi Pedagogică, Bucureşti, 1975.

Geeraerts Gustaaf, *Analysing Non-State Actors in world politics*, Pole Paper Series, Vrije Universiteit, Brussel, 1995.

Glaser St., « L'acte d'Etat et le problème de la responsabilité individuelle », in *Revue de droit pénal et de criminologie*, n°1/1950.

Glaser St., *Infraction Internationale. Ses éléments constitutifs et ses aspects juridiques. Exposés sur la Base du droit pénal comparé*, Bruxelles/Paris, Bruyllant, 1957.

Gounelle M., *Relations Internationales*, 4e édition, Paris, Dalloz, 1998.

Haas Ernest B., « The Balance of Power: Prescription, Concept, or Propaganda », in *World Politics*, 5(2)/1953.

Haus Jacques Joseph, Principes généraux de droit pénal belge, 2e éd, vol. 1, Nabu Press, 2012.

Hegel, *Principiile filosofiei dreptului*, Editura IRI, Bucureşti, 1996.

Herts John, Idealist Internationalism and the Security Dilema, World Politics, 1950.

Hollis Martin, Smith Steve, *Explaining and Understanding International Relations*, Clarendon Press, Oxford, 1990.

Holsky K.J., *The dividing discipline hegemony and diversity in international theory*, Boston, Unwinhyman, 1985.

Holsti K.J., *International Politics. A Framework for Analysis*, 7th edition, New Jersey, Prentince-Hall, 1995.

Huntzinger J., *Introduction aux relations internationales*, Seuil, Paris, 1987.

Jackson Robert, Sorensen Georg, *Introduction to International Relations*, Oxford University Press, Oxford, 1999.

Jarvis Robert, « Security Regimes », in *International Organizations*, 36(2)/1982.

Jordan A., Taylor W., American National Security: Policy and Process, The Johns Hopkins University Press, 1989.

Joselin Daphnee, Walance Wiliam, *Non-state Actors in World Politics: A Framework*, Palgrave, London, 2001.
Karlshofen F., Sandoz Y., *Mise en œuvre du droit international humanitaire*, Dordrecht, Martinus Nijhoft publisher, 1989.
Kegley Charles W. Jr., Wittkopf Eugene R., *World Politics: Trends and Transformations*, ed. IX, Thomson Learning Belmont, 2006.
Kenedy Paul, *The Rise and Fall of the Great Powers Economic Change and Military Conflict from 1500 to 2000*, Fontana Press, London, 1990.
Keohane R.O., Nye J.S., Power and Independence, Longman, Pearson, 2012.
Keohane R.O., Nye J.S., *Power and interdependence: World politics in transition*, Boston, Litlle Brown, 1977.
Keohane R.O., Nye J.S., *Transnational relations and world politics*, Cambridge, Harward University Press, 1972.
Kissinger Henry, *Diplomaţia*, Editura ALL, Bucureşti, 1998.
Krasner Stephen, *International Regimes*, Cornell University Press, Ithaca, NY., 1983.
Kunz J., *The Changing Law of Nations*, Ohio State University Press, Ohio, 1968.
Kupchan Charles A., Kupchan Clifford A., « Concerts, Collective Security and the Future of Europe », in *International Security*, 16(1)/1991.
Lauterpacht H., *International Law and Human Rights*, London, Stevens & Sons, Ltd., 1950.
Lindblom Anna-Karin, *Non-Governmental Organisations in International Law*, Cambridge University Press, 2006.
Lombois Claude, *Droit pénal international*, 2e éd., Paris, Dalloz, 1979.
Maestre A., *Les personnes morales et le problème de leur responsabilité pénale*, A. Rousseau, Paris, 1899.
Malanczuk P., *Akehurst's Modern Introduction to International Law*, London-New York, Routledge, 1997.
Maliţa Mircea, *Jocuri pe scena lumii, conflicte, negocieri, diplomaţie*, Editura C.H. Beck, Bucureşti, 2007.
Marcus M., *Sécurité et démocratie à l'épreuve de la violence*, Edition du Conseil de l'Europe, Strasbourg, 2004.

Mazilu D., *Dreptul internațional public*, vol. II, Editura Lumina-Lex, București, 2002.

Mazilu Dumitru, *Dreptul internațional public*, vol. 1, Editura Lumina-Lex, București, 2001.

Meleșcanu Teodor, *Renașterea diplomației românești 1994-1996*, Editura Dacia, Cluj-Napoca, 2002.

Micu Gabriel, *Evoluții în dreptul diplomatic și consular în era globalizării*, Editura Universul Juridic, București, 2022.

Miga-Beșteliu Raluca, *Drept internațional public*, vol. 1, Editura ALL Beck, București, 2005.

Miga-Beșteliu Raluca, *Drept internațional. Introducere în dreptul internațional public*, Editura All, București, 2003, p.82;

Miga-Beșteliu Raluca, *Drept internațional: introducere în dreptul internațional public*, Editura ALL, București, 2003.

Miga-Beșteliu Raluca, *Introducere în dreptul internațional public*, Editura ALL, Bucuresti, 1998.

Miga-Beșteliu Raluca, *Organizații internaționale interguvernamentale*, Editura All Beck, București, 2005.

Miroiu Andrei, Ungureanu Radu Sebastian, *Manual de relații internaționale*, Editura Polirom, București, 2007.

Miroiu Andrei, Ungureanu Radu Sebastian, *Manual de relații internaționale*, Editura Polirom, București, 2006.

Modelski George, Morgan Patrik M., « Understanding Global War », in *The Journal of Conflict Resolution*, 29 (3), septembrie, 1985.

Morgenthau Hans J., The struggle for Power and Peace, 1948.

Morgenthau Hans, *Politics Among Nations: The Struggle for Power and Peace*, New York, Knopf, 1948.

Morgenthau Hans, *Politics Among Nations: The Struggle for Power and Peace*, VI ed., Alfred A. Knopf Inc., New York, 1985.

Mosler H., « Réflexion sur la personnalité juridique en droit international public », in *Mélanges à H. Rolin. Problèmes des droits des gens*, Paris, Pedone, 1964.

Mugerwa N., « Subjects of International Law », in M. Sorensen (eds.), *Manual of Public International Law*, New York, St. Martin's Press, 1968.

Năstase Adrian, *Drepturile omului, religie a sfârșitului de secol*, Editura ALL BECK, București,1992.

Negulesco Paul, « Principes du droit international administratif », in *RCADI*, Paris, 1935.

Niciu M.I., *Drept Internațional Public*, Editura Servosat, Arad, 2001.

Niciu M.I., Marcu V., *Culegere de documente de Drept Internațional Public*, vol. 2, Editura Lumina-Lex, București, 1997.

Niciu Mircea, *Organizații internaționale (Guvernamentale)*, Editura Chemarea, Iași, 1994.

Nye J.S., *Understanding International Conflicts*, 4th edition, New York, Pearson, 2003.

O'Connell D.P., « La personnalité en droit international », in *RGDIP*, 1963.

Pentland Charles, « International Organizations and Their Roles », in Paul F. Diehl (ed.), *The Politics of International Organizations. Patterns and Insights*, Dorsey Press, Chicago, 1989.

Philimore W., « Droits et devoirs fondamentaux des Etats », in *Recueil des Cours*, vol. I/1923.

Phillimore W.G.F., « Droits et devoirs fondamentaux des Etats », in *RCADI*, Paris, vol. I, 1923.

Pierredon M. de, *Histoire politique de l'Ordre souverain de Saint-Jean de Jérusalem (Ordre de Malte) de 1789 à 1955*, Tome 1, Editions Scaldis, Paris, 1956.

Plastara G., *Manual de Drept internațional public. Drept internațional privat*, Editura All Beck, București, 2004.

Plastara G., *Manual de Drept internațional public*, Editura All Beck, București, 2004.

Plawski Stanislav, *Etudes des principes fondamentaux du droit international pénal*, Paris, Librairie générale de droit et de jurisprudence, 1972.

Preda-Mătăsaru A., *Tratat de Relații internaționale moderne și contemporane (1648-1947)*, Anexe, vol. 2, Editura Lumina-Lex, București, 2001.

Pușcaș Vasile, *Relații internaționale/transnaționale*, Editura Sincron, 2005.

Renouvin Pierre, Durocelle Jean Baptiste, *Introduction l'histoire des relations internationales*, Armand Colin Editeur, Paris, 1991.

Reuter P., *Droit international public*, Paris, Presses Universitaires de France, 1983.

Reuter Paul, *Princeps de droit international public*, Paris, Presses Universitaires de France, 1980.

Richard Little, « International Regimes », in Baylis John, Smith Steve (eds.), *The Globalization of World Politics: An Introduction to International Relations*, ed. a II-a, Oxford University Press, Oxford, 2001.

Roche J.-J., *Théories des relations internationales*, Montchrestien, Paris, 2001.

Romm J.J., *Defining National Security - The Nonmilitary Aspects*, New York, Council on Foreign Relations, 1993.

Savigny Friedrich Carl von, *System des heutigen romischen Recht*, Berlin, 1840.

Schroder Paul W., « Did the Vienna Settlement Rest on a Balance of Power? », in *The American Historical Review*, 1992.

Schwarzenberger G., *International law and order*, London, Stevens, 1971.

Schweller Randall, *Bandwagoning for Profit: Bringing the Revisionist State back in International Security*, MIT Press, 1994.

Schweller Randall, *Deadly Imbalances. Tripolarity and Hitler's strategy of World Conquest*, Columbia University Press, New York, 1998.

Sibert M., *Traité de droit international public*, vol. I, Paris, Dalloz, 1951.

Sieghart Paul, *The International law of Human Rights*, Oxford, Clarendon Press, 1983.

Snyder Glenn H., *Alliance Politics*, Cornell University Press, London, 1997.

Sofronie G., *Curs de drept internaţional public*, R. Cioflec, Cluj, 1936.

Sorensen M., *Principes de droit international public*, Académie de droit international, Recueil des cours, CADI, III, 1960.

Sperdutti G., « L'individu et le droit international », in *Recueil des Cours*, 1956.

Takacs L., Niciu M., *Drept internaţional public*, Editura Didactică şi Pedagogică, Bucureşti, 1976.

Tănăsescu Gabriel, *Criminologie analitică*, Editura Universitaria, Craiova, 2004.

Terriff Terry, Croft Stuart, James Lucy, Morgan Patrick M., *Security Studies Today*, Cambridge, Polity Press, 1999.

Touscoz J., *Droit international*, Paris, Dalloz, 1993.

Triepel H., « Les rapports entre le droit interne et le droit international », in *Recueil des Cours*, vol. I/1923.

Vabres Donnedieu de, *Traité de droit criminel et de Législation pénale comparée*, 3e éd., Paris, Recueil Sirey, 1947.

Vagts Alfred, *The Balance of Power: Growth of an Idea*, in *World Politics*, 1(1)/1948.

Vrabie G., *Drept constituţional şi instituţii politice contemporane*, vol. 1, Editura TEAM, Iaşi, 1995.

Wallerstein Immanuel, *Sistemul mondial modern*, vol. I-IV, Editura Meridiane, Bucureşti, 1992-1993.

Walt Stephen M., *The Origins of the Alliances*, Cornell University Press, London, 1987.

Waltz Kenneth N., *Theory of International Politics*, McGraw-Hill, Boston, 1979.

Waltz Kenneth, *Theory of International Politics*, 1979.

Waltz Stephen M., *The Origins of Alliances*, Cornell University Press, London, 1987.

Willets Peter, « Transnational Actors and International Organizations in Global Politics », in John Baylis, Steve Smith (eds.), *The Globalization of world Politics: An Introduction to International Relations*, ed. III, Oxford University Press, Oxford, 2005.

Wilson Peter, « The myth of the 'First Great Debate' », in *Review of International Studies*, 24(5)/1998.

Wolfers Arnold, « National Security as an Ambiguous Symbol », in *Political Science Quarterly*, 1952.

Zarka Jean-Claude, *Relations internationales*, Ellipses, Paris, 2007.

Zayas A. De, Moller J.Th., Opashi T., « Application of the International Covenant on Civil and Political Rights under the Optional Protocol by the Human Rights Committee », in *German Yearbook of International Law*, vol. 28/1985.

Table des matières

Structures éditoriales du groupe L'Harmattan

L'Harmattan Italie
Via degli Artisti, 15
10124 Torino
harmattan.italia@gmail.com

L'Harmattan Hongrie
Kossuth l. u. 14-16.
1053 Budapest
harmattan@harmattan.hu

L'Harmattan Sénégal
10 VDN SICAP AMITIE 3
BP 45034 Dakar-Fann
direction@senharmattan.com

L'Harmattan Cameroun
Tsinga/Derrière polyclinique FECAFOOT
BP 11486 Yaoundé
Jacques.koukam@harmattan.fr

L'Harmattan Burkina Faso
Villa 281, secteur 23 623, rue 14.32
Ouagadougou
zagbie@outlook.fr

L'Harmattan Guinée
Almamya, rue KA 028 OKB Agency
BP 3470 Conakry
harmattanguinee@yahoo.fr

L'Harmattan RDC
185, avenue Nyangwe
Commune de Lingwala – Kinshasa
matangilamusadila@yahoo.fr

L'Harmattan Congo
219, avenue Nelson Mandela
BP 2874 Brazzaville
deunovmikhael@gmail.com

L'Harmattan Mali
Immeuble Mgr Jean Marie Cissé
Aci Hamadallaye
BP 145 Bamako
syllaka@yahoo.fr

L'Harmattan Togo
Djidjole – Maison Amela
face EPP BATOME
02 BP 20680 Lomé
didieramela11@gmail.com

L'Harmattan Côte d'Ivoire
Résidence Karl – Cité des Arts
Abidjan-Cocody
03 BP 1588 Abidjan
harmattan.ivoire@gmail.com

L'Harmattan Bénin
Rue 604, (Immeuble à l'entrée
de la rue UCAO- Cite de Saint-Jean)
Cotonou
stepcorpus@gmail.com

Nos librairies en France

Librairie internationale
16, rue des Écoles
75005 Paris
librairie.internationale@harmattan.fr
01 40 46 79 11
www.librairieharmattan.com

Librairie des savoirs
21, rue des Écoles
75005 Paris
librairie.sh@harmattan.fr
01 46 34 13 71
www.librairieharmattansh.com

www.ingramcontent.com/pod-product-compliance
Lightning Source LLC
LaVergne TN
LVHW010934061026
849535LV00007B/2393
* 9 7 8 2 3 3 6 5 1 5 0 8 3 *